国家自然科学基金项目"企业产品创新中供应商创新性整合机制研究：供应商网络视角"（71372172）；国家社会科学基金项目"新产品开发模糊前端阶段企业技术差异化能力的提升机理研究"（16BGL042）；陕西省软科学研究计划面上项目"供应商和客户参与技术创新对产品创新绩效的影响——基于陕西省制造企业的实证研究"（2015KRM044）；陕西省社会科学基金项目"供应商参与新产品开发对陕西装备制造业产品创新能力的影响路径研究"（13Q070）。本书由西安石油大学优秀学术著作出版基金资助和西安石油大学油气资源经济与管理研究中心出版。

供应商网络治理机制前因及对企业技术创新性影响研究

黄聿舟 著

中国社会科学出版社

图书在版编目(CIP)数据

供应商网络治理机制前因及对企业技术创新性影响研究/黄聿舟著.
—北京：中国社会科学出版社，2016.10
ISBN 978 - 7 - 5161 - 9432 - 4

Ⅰ.①供… Ⅱ.①黄… Ⅲ.①企业管理—供销管理—研究 Ⅳ.①F274

中国版本图书馆CIP数据核字(2016)第281253号

出 版 人	赵剑英
选题策划	刘 艳
责任编辑	刘 艳
责任校对	陈 晨
责任印制	戴 宽

出 版	中国社会科学出版社
社 址	北京鼓楼西大街甲158号
邮 编	100720
网 址	http://www.csspw.cn
发 行 部	010 - 84083685
门 市 部	010 - 84029450
经 销	新华书店及其他书店
印 装	北京君升印刷有限公司
版 次	2016年10月第1版
印 次	2016年10月第1次印刷
开 本	710×1000 1/16
印 张	12.5
插 页	2
字 数	221千字
定 价	46.00元

凡购买中国社会科学出版社图书，如有质量问题请与本社营销中心联系调换
电话：010 - 84083683
版权所有 侵权必究

前 言

在全球化的市场竞争环境中,技术创新和产品开发活动极少由单个企业独立完成,通过培育和利用广泛的外部资源实现技术创新性已成为制造企业取得竞争优势的重要手段。供应商作为制造企业外部合作重要对象,能提供企业技术创新所需的知识和技能,制造企业对供应商的依赖增强,构建供应商网络提升技术创新受到理论研究和实践界关注。通过调研发现,我国企业组建供应商网络的实践效果并不总是显著的,供应商网络并不像相关理论所预计的那样能够顺利转化为企业竞争优势,在具体的实施过程中存在高风险性。然而目前学术界在此方面缺乏研究,探究供应商网络治理机制与企业技术创新性之间的内在关系已成为制造企业新的重要议题。首先,梳理供应商网络治理机制的前置因素,探索不同前置因素对治理机制选择的影响。其次,基于治理机制在供应商网络的作用机理的理论分析框架,构建网络治理机制、供应商网络形态与企业技术创新性关系的概念模型。最后,根据现有文献分析,结合企业访谈和小规模预测试,以我国制造企业为调查对象,运用统计分析方法,通过结构方程模型进行拟合分析,对所提的研究假设进行验证,并对结果进行相应分析,试图从理论上解释其内在逻辑,从而有利于制造企业关注供应商网络组建和管理中关键环节,为提升技术创新性获取竞争优势提供理论指导。

与已有的研究相比,本书所做的工作主要集中在以下几点:

第一,以我国制造企业为研究对象,对供应商网络治理机制的前置因素进行实证研究,通过结构方程模型检验技术新颖性、产品模块化、资产专用性三个前置因素对不同治理机制的作用。结果讨论表明，在供应商网络治理中，技术新颖性、产品模块化、资产专用性对供应商网络治理机制选择产生不同影响。具体体现为：在技术新颖性程度高的情况下，制造企业对供应商网络治理更倾向于规范治理；在产品模块化程度高的情况下，制造企业对供应商网络治理倾向于权威治理；在资产专用性程度高的情况下，制造企业对供应商网络治理倾向于权威治理和契约治理。因此，我国制造企业为了更好管理供应商网络，需要充分考虑治理机制设计的前置因素。研究结论为供应商网络中有效管理供应商提供理论指导。

第二，构建供应商网络治理机制、供应商网络形态与企业技术创新性关系的概念模型。将供应商网络形态作为供应商网络治理机制和企业技术创新性的桥梁，能够从逻辑上更好地解决目前广泛存在的关于供应商网络治理机制与企业技术创新性之间影响关系性质的争议，新路径的提出阐述供应商网络治理机制对企业技术创新性的影响机理，为供应商网络治理如何转化为制造企业的持续竞争优势提供全面的解释，进一步确立供应商网络在企业管理中的战略性地位。

第三，通过实证检验验证研究假设的合理和不合理之处，并进行结果讨论和未来研究展望。先前的研究主要从定性研究角度出发关注供应商网络治理对企业技术创新性的影响，本书通过定量研究探索供应商网络有效治理，从而有利于企业通过深层次嵌入的网络关系对企业技术创新性的获取和应用。制造企业通过供应商网络有效治理可以获取嵌入在网络中的知识和技能来加速企业技术创新性的发展。这一新决策依据的引入，有利于更好地提升供应商网络对企业技术创新性的积极作用。

本书由西安石油大学优秀学术著作出版基金和西安石油大学油气资源经济与管理研究中心的资助出版，本书得到国家自然科学基金项目（71372172）、国家社会科学基金项目（16BGL042）、陕西省软科学研究计划面上项目（2015KRM044）、陕西省社会科学基金项目（13Q070）。同时，本书是基于本人在西安理工大学博士论文的基础上完成，在此表示感谢。

目　录

第一章　绪论 …………………………………………………………（1）
　第一节　研究背景 ……………………………………………………（1）
　　一　现实背景 ………………………………………………………（1）
　　二　理论背景 ………………………………………………………（6）
　第二节　研究问题的提出 ……………………………………………（9）
　第三节　研究内容与目标 ……………………………………………（10）
　　一　研究内容 ………………………………………………………（11）
　　二　研究目标 ………………………………………………………（11）
　第四节　关键概念界定及说明 ………………………………………（12）
　第五节　研究方法与结构安排 ………………………………………（14）
　　一　研究方法 ………………………………………………………（14）
　　二　结构安排 ………………………………………………………（15）

第二章　理论基础与文献综述 ………………………………………（18）
　第一节　供应商网络及其治理机制的相关研究 ……………………（18）
　　一　供应商网络相关研究 …………………………………………（18）
　　二　治理机制在供应商网络中的作用研究 ………………………（26）
　第二节　治理机制影响因素的相关研究 ……………………………（28）
　第三节　治理机制与技术创新性的相关研究 ………………………（33）
　　一　技术创新性的内涵 ……………………………………………（33）
　　二　技术创新性提升机理研究 ……………………………………（36）
　　三　治理机制与技术创新性 ………………………………………（38）

第四节 现有研究评述 …………………………………… (41)

第三章 供应商网络治理机制、前因及技术创新性关系的理论分析 …………………………………… (43)
　第一节 分析框架 …………………………………………… (43)
　第二节 供应商网络治理机制的前置因素作用研究 ……… (46)
　第三节 供应商网络治理机制对企业技术创新性的
　　　　 作用研究 …………………………………………… (54)
　第四节 本章小结 …………………………………………… (62)

第四章 概念模型与研究假设 ……………………………… (63)
　第一节 概念模型的构建 …………………………………… (63)
　第二节 理论假设的提出 …………………………………… (65)
　　一 供应商网络前置因素对治理机制的影响研究 ……… (65)
　　二 供应商网络治理机制对企业技术创新性的
　　　 影响研究 …………………………………………… (71)
　第三节 本章小结 …………………………………………… (88)

第五章 研究设计与测量质量评估 ………………………… (90)
　第一节 问卷设计 …………………………………………… (90)
　　一 问卷设计的原则与过程 ………………………… (90)
　　二 数据分析的步骤与方法 ………………………… (92)
　第二节 变量测量 …………………………………………… (97)
　　一 变量初始测量 …………………………………… (97)
　　二 变量测量修订 …………………………………… (102)
　　三 变量测量的信度和效度评价 …………………… (106)
　第三节 研究数据的收集 …………………………………… (113)
　　一 描述性统计分析 ………………………………… (113)
　　二 问卷调查的有效性控制 ………………………… (116)
　第四节 测量质量评估 ……………………………………… (117)

一　量表的信度分析 …………………………………………（117）
　二　量表的效度分析 …………………………………………（120）
　三　数据共同方法变异检验 …………………………………（133）
第五节　本章小结 …………………………………………………（134）

第六章　数据分析与结果讨论 …………………………………（135）
第一节　供应商网络治理机制前置因素的影响检验 ……………（135）
　一　基本模型检验 ……………………………………………（135）
　二　模型确认与研究检验结果 ………………………………（138）
第二节　供应商网络治理机制对企业技术创新性的
　　　　影响检验 …………………………………………………（139）
　一　供应商网络治理机制对企业技术创新性影响的
　　　基本模型检验 ……………………………………………（139）
　二　模型确认与研究检验结果 ………………………………（143）
第三节　结果讨论 …………………………………………………（145）
　一　供应商网络治理机制前置因素影响 ……………………（145）
　二　供应商网络治理机制对企业技术创新性的影响 ………（147）

第七章　研究结论与展望 …………………………………………（153）
第一节　主要研究工作及结论 ……………………………………（153）
　一　主要研究工作 ……………………………………………（153）
　二　研究结论 …………………………………………………（154）
第三节　研究总结与未来研究展望 ………………………………（156）
　一　研究总结 …………………………………………………（156）
　二　研究局限和未来研究展望 ………………………………（157）

附录　供应商网络治理机制的前因及对企业技术创新性
　　　影响研究的调查问卷 ……………………………………（159）

参考文献 ……………………………………………………………（166）

第一章 绪论

第一节 研究背景

一 现实背景

（一）制造企业的技术创新对供应商的依赖增强

在全球化、复杂化的市场竞争环境中，技术创新成为企业价值创造的重要来源，制造企业必须持续不断地进行技术创新来满足客户需要，仅仅利用企业内部知识所开发的产品与技术无法适应现有和潜在需求，专业化分工使得技术创新和产品开发活动极少由单个企业独立完成。越来越多的企业依靠跨越组织边界和现有知识基础的跨界搜索模式，积极从外部组织获取新产品开发所需的技术知识，以弥补内部技术知识的不足（Cabigiosu et al.，2013）。资源依赖理论和社会网络理论认为，通过外部技术搜寻获取技术知识能够有效缓解企业内部技术知识的约束，利用和培育广泛的外部资源进行技术创新已成为制造企业在市场竞争中取得竞争优势的重要手段。在众多的外部来源中，供应商对特定零部件或材料的认识比制造企业更为深刻，供应商在制造企业技术创新中所扮演的角色越来越重要，使得制造企业把越来越多的新产品开发外包给供应商，并将供应商的反馈意见整合至产品设计、过程设计和生产制造中（Hong and Hartley，2011）。制造企业通过供应链整合，将精力和资源集中于自身的核心专长，有效降低成本、提高交付水平、缩短交付时间、增加柔性和敏捷性、提高创新能力（Lin et al.，2012；Johnsen，2009）。

制造企业的技术创新对供应商的依赖增强受到理论研究和实践界关注，供应商参与新产品开发就是最为典型的例子。供应商参与新产品开发被认为是在新产品开发过程中制造企业集成供应商的专业技术或能力，并根据项目的需要赋予供应商相应的决策权利和设计责任，供应商向制造企业提供技术知识和创新资源共同促进产品开发绩效的一个过程（李随成、姜银浩，2009）。供应商参与新产品开发涉及从产品设计理念的形成、产品质量问题的咨询以及产品开发项目参与等各个方面。制造企业利用供应商专业技能来补充自身能力不足，有利于开发出更好的产品并把产品更快地推向市场。这一现象在大规模组装行业表现得尤为明显，比如汽车制造行业，由于技术创新和顾客需求变化日益加快，汽车制造企业开始把产品设计、产品研发外包，汽车制造厂商大量利用供应商参与新产品开发，提高技术创新绩效。例如，在丰田汽车制造中，丰田的生产网络与竞争的汽车制造网络相比，知识的传播非常快，供应商在参与丰田的供应商网络知识共享之后学习更加快速，建立供应商网络对于丰田的技术创新能力提高具有重大作用（黄聿舟、裴旭东，2015；Dyer and Nobeoka，2000）。随着我国制造企业更大程度地参与国际市场的竞争，制造业竞争的加剧以及生产技术的不断更新，我国制造企业越来越趋向于建立供应商网络，利用其关键供应商的知识、能力并与其合作来达到降低交易费用以及获取知识、促进企业的创新绩效提高的目的。通过网络实现创新是获取和整合复杂且相互依赖的知识来响应快速变化环境的重要途径（Harryson et al.，2008）。当核心企业与供应商的关系由简单的交易关系逐渐发展为制造商主导、多个供应商组成的供应商网络时，有利于制造企业利用网络中供应商创新来实现自身技术创新。现如今，制造企业已经将构建供应商网络作为提升技术创新能力的重要手段。

（二）供应商网络的快速发展所带来的机遇与挑战

供应商作为制造企业外部合作重要对象，能提供企业技术创新所需的广泛的知识和技能，制造企业与供应商间的知识、能力和资源交换增加了对供应商创新性的需求，因此与关键供应商合作并组建供应商网络是企业技术创新过程中跨组织知识集成的重要手段（Song and Thieme，2009）。供应商网络是制造企业获取知识、增加知识存量并提升企业技术创新的最佳途径。学术研究也显示与供应商建立信任合作关系是技术创新的关键，调查表明制造企业平均50%的收益来源于供应商，在有些行业如汽车和航空业这个比例上升至70%（Yeniyurt et al.，2014）。

Choi 和 Hong（2002）的案例研究发现，日本企业丰田、本田、尼桑等大型的制造企业通过与战略供应商组建联系密切的"联盟体系"（keiretsu），大幅提升了企业的竞争能力。随着研究的深入，Choi 和 Krause（2006）将竞争优势归功于更好的供应商网络的组织与管理，它是企业为了应对复杂、多变的竞争环境，缩减供应商数量，强化与供应商的关系，增强供应链的供应能力，不断演化发展起来的。如今，日本、美国和欧洲制造企业大多重视组建适宜的供应商网络。在制造行业中，企业与供应商合作从不同方面改进制造，并且实现多方面的竞争优势：减少新产品开发时间、改进产品质量和服务、获取新的市场和技术、降低成本等。在航空制造业中，波音公司日益依赖其供应商来获取创新性和技术创新，例如波音在开发787梦幻飞机过程中组建全球化的供应商网络，从而获得开发成本的大幅度降低。其中，最为突出的是一个参与研发的供应商建议使用聚合物复合材料被视为是一个关键创新，导致这个行业的革命性变革（Henke and Zhang，2010）。

中国企业经过30多年的改革开放与快速发展，特别是20世纪90年代后期以来，我国制造企业更大程度地参与国际市场的竞争，通过不断与发达国家企业的合资合作学习，我国制造企业，如汽车、电器制造、通信设备、机床工具等，越来越关注供应商关系管理，我国许多制造企业的采购与供应实现由自制、纯市场交易到与供应商协作生产建立紧密合作关系的供应商网络的转变（Wang and Tanaka，2011）。随着我国市场经济的逐步完善，企业更大程度地融入国际市场的竞争，要求企业具有更强的新产品开发能力和运作能力。我国对自主创新、自主研发、增强企业的核心能力等问题给予更高的关注，从而要求企业更多地利用供应商网络提升竞争能力。

与此同时，供应商参与是企业技术创新从封闭式创新到开放式创新的转变（陈劲、吴波，2012），这一转变也给制造企业的供应商管理提出挑战。技术创新过程是一个知识密集性活动，要求制造企业、制造企业的供应商，以及供应商的上游供应商之间实现信息的流动。在此过程中，组织间知识流动的有效性取决于制造企业—供应商之间建立以高水平的信任、依赖和专用资产投入为特征的长期导向关系。供应商参与技术创新是开放式创新的一种组织形式，这一特征使得供应商参与技术创新的供应商管理比起传统封闭式创新的治理方式更加复杂，这种创新方式的转变需要企业调整技术创新的组织方式。企业所拥有的技术嵌入互补资源系统中，新技术的导入需要企业所属支持性或互补性流程、资源和知识随之改变，才能融合组织创新系统。企业需要实施有效网络治理，正如 Dyer 和 Hatch（2004）强调治理在组织创新中发挥重要作用，治理能提供一种保护使得制造企业和供应商之间进行有价值知识的共享和思维风暴。制造企业将供应商技术创新整合至内部技术创新流程，带动企业本身技术创新，进而提升企业的竞争能力。因此，制造企业有必要通过有效网络治理来实现参与者资源的最优组合。

（三）制造企业技术创新提升亟须有效供应商网络治理

制造企业与供应商合作会促进企业技术创新提升，然而在实践中许多企业常常不能达到既定目标，不能真正获取这种供应商整合所带来的潜在收益。究其原因，其一是供应商参与有风险。供应商参与也会带来很多问题，并不是所有供应商都能参与到技术创新活动中来，供应商参与需要成本、时间和精力（裴旭东等，2013）。其二是通过技术创新所组建的组织间网络是一个复杂、动态的网络，包括供应商之间的水平关系和制造企业与供应商之间的垂直关系。这样的复杂网络结构需要制造企业协调网络成员间冲突，从而促进组织间关系的持续性（Srai and Gregory，2008）。由于合作伙伴间的技术能力差异和对合作目标的预期不相同，使得合作期间不确定性增加，这种更加紧密的供应商关系要求企业投入较高水平的关系专用资产，这种嵌入会形成交易困境（刘婷、刘益，2012）。其三是让供应商参与技术创新还有可能存在一些潜在风险，包括知识产品保护问题，核心技术的扩散和内部资料泄露等。供应商参与伴随着高度不确定性、技术的复杂性和较长时间的开发周期，这使得供应商参与管理难度增加（Carey and Lawson，2011）。因此，制造企业如何对供应商参与技术创新进行有效治理成为实践和理论研究关注的重点。

现有研究已充分说明组建供应商网络对企业提升技术创新能力的重要性。然而通过调研发现，制造企业组建供应商网络并不像相关理论所预计的那样能够顺利转化为企业竞争优势，我国企业组建供应商网络的实践效果并不总是显著的，在具体的实施过程中还存在很大的盲目性。制造企业组建供应商网络面临的一个重大挑战是如何有效消除机会主义行为来维持组织间的网络效力。供应商网络治理机制的选择是为匹配它们所面临的治理问题。具体而言，在于治理有限理性、资产专用性和不确定性所带来的交易困境，防止供应商的机会主义行为和搭便车现象，排除或降低阻碍组织间信息流和知识顺利流动的因素，促进组织间知识共享，从而实现网络的价值创新。

当制造企业由于自身缺乏创新的核心知识和能力需要从外部导入创新技术时，制造企业技术创新性实现从以企业内部资源为中心到以外部供应商网络为中心的转变。这一转变将外部创新技术整合至内部技术创新流程和网络管理设计，并且提升本身技术创新能力，使得创新技术扩散到企业整体运营中，进而转化为企业竞争力，因此有必要对网络管理过程和网络治理有更深刻的理解（Nambisan and Sawhney，2011）。通过以往研究发现，制造企业技术创新的成功在很大程度上来自主导企业对供应商网络成员之间协调和控制活动的网络治理能力。供应商网络治理能力取决于主导企业如何针对技术创新所嵌入网络实施有效治理。基于此，制造企业通过供应商网络来提升企业技术创新的内在逻辑成为制造企业新的重要议题。从理论上解释其内在逻辑,有利于制造企业关注供应商网络组建和管理中关键环节,为提高企业创新绩效提供理论指导。

二 理论背景

从创新管理的研究来看,学者认同并不是所有企业都可以获取和运用创新,企业取得成功的关键因素在于它们创新能力的程度。企业创新性被认为是驱动实际创新的关键动态能力。企业创新性涉及开放性和引入创新的能力,代表企业接受新挑战的意愿。理论上,创新性从企业层面上来说是企业进行创新和创造新的商业解决方案的意愿和能力,而创新被认为是组织所新采用的通过内部或外部获取的设备、系统、项目、过程、产品和服务。Ambrosini 等(2009)强调创新性不同于创新,创新涉及创新的实际实践和产出,是结果导向的。而创新性反映企业的动态能力,是企业对机会和风险的觉察,以及及时决策并改变资源基础的潜在系统解决问题能力。Golgeci 和 Ponomarov(2013)指出创新性是过程导向的概念,是企业文化面临新想法的开发程度。因此,创新性更适合资源依赖理论视角,不仅是关注创新的最终产出,更是进一步关注在面对环境不确定性时有意愿利用知识转变传统来获取可利用的机会(Kibbeling et al.,2013)。

随着学者对创新性研究的深入,技术创新性的重要性开始被强调。技术创新性是指新产品所嵌入技术的创新程度,被认为是新产品成功的驱动。技术创新性是组织和经济发展的重要方面。Kock等(2011)认为技术创新性是一个以探索性和渐进性为两端的衡量新产品开发所嵌入技术的创新程度的连续变量。Antoncic 等(2007)指出技术创新能促进企业对资源的更有效利用,获取更高的潜在增长,然而这些技术优势常常伴随着各种牺牲和障碍,如高风险和不确定性。管理者不得不思考新产品开发需要整合的技术的创新程度水平,以更好地理解技术创新性对创新产出的影响是有意义的。

企业间合作进行技术创新活动日益频繁,技术创新所组建的网络及相关研究受到国内学术界关注,可以认为网络组织管理对技术创新的影响研究已经成为管理学研究的主流热点之一。这方面的研究主要有技术联盟(党兴华、孙永磊,2013;王飞绒、陈劲,2010;曹兴、秦耀华,2011)、产学研网络(刘炜等,2012;陈伟等,2012;肖丁丁、朱桂龙,2013)等创新网络的研究,而供应商在制造企业技术创新中所扮演的集成和模块化角色越来越多,制造企业的技术创新对供应商的依赖增强受到学术和实践关注(裴旭东等,2015;黄聿舟等,2013;杨婷、李随成,2012)。因此,随着供应商网络的形成,依托于供应商网络的技术创新活动也正成为学术研究的热点话题。

从国内外采购与供应管理领域研究来看,供应商网络越来越受到理论界和实践者的重视。对供应商网络的早期研究多是从供应商网络的概念界定和对企业短期绩效影响出发。供应商网络的概念最初来源于 Hines(1996)的研究,他将供应商网络定义为基于长期、深层次合作关系的独立企业围绕产品价值链而构成的系统。Dyer 和 Nobeoka(2000)认为供应商网络是价值链中的关键成员,创造一系列合作过程规范使得他们可以作为一个整合体在一起工作。从本质上来看,供应商网络是对供应网络(supply network)研究的拓展,是供应网络的一部分,由主导企业与通过产品和服务的采购方式进行直接管理和间接管理的供应商所结成的网络。早期研究主要还涉及供应商网络对企业成本、交货、质量、响应等短期绩效的影响(裴旭东等,2015)。Kroes 和 Ghosh(2010)指出,由于全球化、复杂的竞争环境使得制造企业对于供应链相关的职能和过程纷纷外包,包括研发和设计、产品开发活动、产品生产制造、产品组装和物流运输,企业开始认识到采购职能的重要性。Johnsen 等(2008)注意到更多的制造企业开始青睐于用单源或双源采购战略来取代传统的多源采购战略,通过对供应基优化,增加对少数供应商的依赖,可以实现制造企业与供应商之间的互利互惠。因而供应商网络是企业为了应对复杂、多变的竞争环境,不断缩减供应商数量,强化与供应商的关系,增强供应链能力演变而成的。

随着研究的逐步深入，供应商网络研究的方向和范围也进一步扩大，学者开始关注供应商网络对企业创新及技术能力等长期绩效的影响，主要有供应商参与技术创新、供应商网络治理等方面的研究。企业重视供应商网络带来的价值创新活动，并通过组建供应商网络从过去非核心产品和服务的采购转化为让供应商深入参与创新活动中。Petersen等（2005）研究发现，供应商整合有利于改进新产品开发的成功率、项目领先时间、更好的产品质量和更低的项目成本。Handfield等（1999）指出供应商作为市场上提供专业技术的专家，其所提供的信息可以被直接利用到技术创新早期活动中，通过联合问题解决整合供应商特定知识进入技术创新早期阶段，供应商参与可以减少技术创新缺陷，有效提升新产品开发的成功率。Johnsen等（2006）强调供应商参与在技术创新过程中的重要性，认为技术新产品开发构架应该建立在以供应商为基础的模块和子系统上。

综上所述，供应商网络与企业技术创新性之间影响关系的研究近年来取得一定进展，大多数的研究结论肯定供应商网络对企业技术创新性的积极影响作用，然而也存在否定供应商网络对企业技术创新性有积极影响作用的现象，出现这种对于二者关系不一致研究结论的原因在于：目前关于供应商网络运行机理的研究还比较模糊，同时许多研究多以某一具体管理活动为对象，具体分析它们对企业技术创新性可能存在的正向或负向的作用，缺乏关注供应商网络运行具体情境的影响。因此，要想揭示供应商网络与企业技术创新性之间的关系，为后续实证分析提供坚实的理论基础，必须深入挖掘二者之间的内在逻辑关系，如此，才能从理论上阐述为什么供应商网络能够影响企业技术创新性，是通过什么影响路径作用的，才能更好地解决供应商网络与企业技术创新性之间关系研究的问题。

从已有的研究成果可知，对供应商网络的实施状况及其对企业绩效与能力的作用机理的研究多是以美、日、欧等发达国家制造企业为背景研究的，现有研究显示不同国家之间供应商网络的实施状况对企业绩效及能力的影响结果存在着明显的差异,而关于我国制造企业供应商网络如何运行以及其对企业技术创新性的作用机理还有待进一步研究。现有文献中关于供应商网络对企业技术创新性作用机理的理论和实证研究较少,相关研究主要是以国外企业为主,而对于中国制造企业而言面临的困惑更多的是,在利用供应商网络来提升企业技术创新性过程中应该如何治理才是最有效的,但并未见针对我国制造企业实际研究的相关报道。因此,这一问题的研究不仅可以填补国内相关理论研究的空白,而且为我国制造企业技术创新性的提升提供全新视角。

第二节 研究问题的提出

在激烈的市场竞争环境中,产品升级换代速度加快,及时高效地开发出满足客户需要的新产品是制造企业获取竞争优势的关键。技术创新需要广泛利用外部资源,供应商作为产品模块的主要提供者和制造企业外部合作的重要对象,能提供企业技术创新所需的广泛的知识和技能,制造企业普遍开始与上游供应商进行合作研发,供应商制造企业与供应商间的知识、能力和资源交换增加了对供应商创新性的需求。现有研究已充分说明供应商网络对企业技术创新性的重要性,与关键供应商合作并组建供应商网络是制造企业技术创新过程中跨组织知识集成的重要手段。

供应商网络的有效实施能使企业充分利用外部关键供应商的专业技术和资源,在制造企业利用和整合供应商知识和技能方面扮演着重要角色。然而,供应商网络是如何影响企业的技术创新性的,其关系机理是什么尚不清楚。基于相关理论和文献的分析研究,网络治理的实质是治理机制的选择和组织间的协调过程。因此,这一问题可以被分解为以下两个科学研究问题:

(1)前置因素如何影响供应商网络治理机制选择?治理机制的选择是为了匹配它们所面临的治理问题,组织需根据特定任务情境所产生的治理问题设计出相应解决措施以顺利实现战略目标。就供应商网络管理的研究而言，虽然已有学者对治理机制运行作用进行了较多的实证研究，然而目前学术界针对如何选择适宜的治理机制缺乏研究，需要针对供应商网络特定情境的不同前置属性来设计相应的治理机制。

（2）供应商网络治理机制通过怎样的路径影响企业的技术创新性？通过以往研究发现，技术创新性在很大程度上来自主导企业对供应商网络成员之间协调和控制活动的网络治理能力。主导企业的供应商网络治理能力取决于企业技术创新所嵌入特定的供应商网络形态来选择匹配的治理机制。然而这方面的研究还较为缺乏，二者之间的内在逻辑关系需进一步探讨。

第三节 研究内容与目标

制造企业组建供应商网络已经成为采购与供应管理发展的新趋势，也成为美、日、欧等发达国家学术界和企业界所关注的议题。一些大型企业已经在某种程度上通过对供应商网络的有效治理取得了一定效果，但关于供应商网络与企业技术创新性之间关系的理论及实证研究还很少。供应商网络可以带来企业技术创新性的提升，增强制造企业的竞争优势，然而通过调研发现，供应商网络并不像相关理论所预计的那样能够顺利转化为企业竞争优势。我国制造企业组建供应商网络的实践效果并不总是显著的，供应商网络的管理不尽如人意，只有少数制造企业对目前的供应商网络治理结果表示满意，大部分制造企业就供应商网络对企业技术创新性提升竞争优势的积极作用还没有引起足够重视，更没有形成一套系统的指导理论，在具体的实施过程中还存在很大的盲目性和极高的运作成本。因此，研究我国制造企业供应商网络及其对企业技术创新性的作用机理，可以为企业供应商网络的有效管理提供建议和思考。

本书通过关注供应商网络治理对企业技术创新性的重要性，发现了企业技术创新性提升的多种实现途径。期望通过理论分析和大样本实证检验得出的结果能够为促进供应商网络的管理、技术创新管理的研究者以及企业管理者提供一种新的技术创新性提升路径，使企业在技术专业化和市场竞争环境中，能充分利用供应商的技术和资源实现其自身技术创新性的积累和发展，为企业技术创新性的提升开辟一条崭新的路径。

一 研究内容

针对供应商网络在促进企业技术创新时所面临的现实问题和目前相关理论研究的不足，在探索供应商网络治理研究的基础上，构建关于"前置因素—治理机制—供应商网络形态—网络功能效益"的理论分析框架，并通过对大量调研数据的分析，试图从理论上探究制造企业如何通过供应商网络提升技术创新性的内在逻辑，为我国制造企业有效组建供应商网络进而提升企业技术创新性提供指导。具体研究内容为：

首先，我国制造企业供应商网络治理机制的前置因素影响研究。识别出影响供应商网络治理机制的前置因素，即什么因素推动供应商网络治理机制，研究明确供应商网络治理机制前置因素的影响作用，也对合作开发新产品过程中有效管理供应商提供指导。

其次，供应商网络治理机制对企业技术创新性的作用机理研究。通过理论分析，构建基于供应商网络治理机制的制造企业技术创新性提升的关系机理模型。根据大样本调查数据，采用结构方程模型（SEM）检验供应商网络治理机制对企业技术创新性的作用关系，并测量其影响的关系、路径和强度。

最后，在实证研究基础上，对实证数据结果进行讨论。通过实际调查，运用实证数据对所提出的研究假设进行验证，验证研究假设的合理和不合理之处，进行结论分析，探索促进供应商网络有效治理的管理策略，构建供应商网络治理的理论与方法体系，从而为制造企业主导供应商网络的有效组织与管理提供支持。

二 研究目标

供应商网络可以让企业充分利用供应商的关键知识和技能，提高制造企业的技术创新性，从而使得中国企业有效地参与全球化竞争。然而由于我国引入供应链管理研究相对较晚，对于如何利用供应商及供应商网络提升技术创新的研究较少，其供应商网络的实际状况如何，以及如何有效管理网络活动还有待进一步研究。因此，有必要针对我国制造企业组建供应商网络的具体情况，进行实地调研和文献检索，探明我国制造企业利用供应商网络的发展现状，探索供应商网络治理运行机理，构建概念模型和理论假设来实证检验供应商网络治理各关键因素对制造企业技术创新性提升的作用机理，从而为我国制造企业通过有效地管理供应商网络来获取企业技术创新性的提升提供一定的理论支持和实践指导。

因此，希望通过本书的研究实现以下研究目标：

一是厘清供应商网络治理的内容结构。针对供应商网络在促进企业技术创新时所面临的现实问题和目前相关理论研究的不足，在探索供应商网络治理研究的基础上，构建关于"前置因素—治理机制—供应商网络形态—网络功能效益"的理论分析框架。

二是探索供应商网络治理机制前置因素的驱动效应。基于理论分析框架，运用结构方程模型，检验这些前置因素对供应商网络治理机制的驱动效应，从理论上回答"在我国的制造企业中，供应商网络治理机制的前置因素如何影响其选择"的问题。

三是揭示供应商网络治理机制对技术创新性的影响作用。基于理论分析框架，运用结构方程模型，检验供应商网络治理机制对企业技术创新性作用关系，并测量其影响关系、路径和强度。并从理论上回答"供应商网络治理机制通过怎样的路径影响企业的技术创新性"的问题。

第四节　关键概念界定及说明

本书所涉及的关键概念包括：供应商网络治理机制、供应商网络形态、企业技术创新性。由于本书的第二章——理论基础与文献综述会比较系统地论述相关研究的理论研究进展，本节仅对关键概念进行界定并简要阐述关键概念的研究边界。

1. 供应商网络治理机制

供应商网络是供应网络的一部分，是由制造企业为主导并通过合同、产品和服务的采购等方式进行直接管理和间接管理的供应商所结成的网络。供应商网络治理有多种治理机制，结合前人的研究，笔者把治理机制分为信任和控制两种基本元素，信任和控制相互补充。控制提供资源的保护和获取权力的机制。信任机制是以信任为基础，有主导企业和其网络成员之间形成的共识，并有相应的沟通协调运行机制，依赖于使用社会战略（社会规范、群体压力、分享信仰和经验）来减少委托者和代理者之间的目标不一致性。在供应商参与情境下，由于制造企业与供应商之间有一部分以股权为基础的战略联盟关系，网络间具有复杂产品系统的组织特征，为了保证契约的有效执行，治理机制不仅包括事前的契约治理，也包括事后的权威治理。基于此，本书将其治理机制分为三个基本形式：权威治理、契约治理和规范治理。权威治理和契约治理依赖于权力和成文的契约协议来影响行为通过绩效评估和奖励；而规范治理是以信任为基础，有主导企业和其网络成员之间形成的共识，并有相应的沟通协调运行机制。

2. 供应商网络形态

供应商网络形态是对供应商网络形式的描述，是供应商网络构成要素的特定安排和排列。供应商网络形态作为供应商网络刻画的关键，其不但能够通过改变网络的物料流、知识流、信息流等资源影响网络资源配置效率，也能影响制造企业对战略供应商管理的效果，代表供应商网络获取外部资源的能力、规模和质量。基于现有研究，学者借助于社会网络理论和嵌入性理论来分析网络形态，本书也借助于这两个理论同时基于李随成等的研究，通过网络中心性、供应商弹性、供应商关系紧密度和网络惯例四个因素来刻画基于技术创新所组建的供应商网络形态。

3. 企业技术创新性

创新性是企业对机会和风险的觉察，以及及时决策并改变资源基础的潜在系统解决问题的能力，实现创新性产品和服务的开发和使用，进而实现占据有利的优势位置并增强绩效产出。技术创新性是指新产品所嵌入技术的创新程度，包括创新意图和技术的创新能力两个方面。技术创新性涉及企业技术创新的能力和反映企业倾向于支持和使用在新产品、服务和技术过程中产生的新想法。

第五节　研究方法与结构安排

一　研究方法

本书根据所研究问题的性质以及方法适用性，遵循理论分析和实证研究并重的原则，综合采用文献研究和实证分析相结合的方法展开研究，解决研究问题。

（一）文献研究法

文献资料分析法是以系统而客观的界定和评鉴，提供研究的相关背景，能帮助认清文献之间的关系，证明特定研究能为现有研究做出贡献。文献研究法的运用，主要表现在以下四个方面：

第一，分析已有研究成果，阐明研究问题，清楚研究目的。在第二章，本书通过校图书馆的外文 EBSCO ASP、BSP 数据库、Wiley 数据库、Springer 数据库、Emerald 数据库、Elsevier 数据库和中文 CNKI 数据库、万方数据库等期刊数据库搜索文献，并对涉及研究内容的文献进行归纳和评述，针对现有研究的不足，明确所研究的侧重点和具体问题，为模型构建提供理论基础。

第二，对供应商网络治理作用机理进行理论分析。在第三章中，通过文献探索供应商网络治理作用的理论分析框架，并把制造企业如何通过供应商网络提升技术创新性分解为两个研究子问题，为实证检验奠定基础。

第三，构建概念模型，提出研究假设。在第四章中，借鉴现有研究成果，并针对具体研究情境，分析变量间相关关系，构建概念模型，提出待验证的研究假设。

第四，构建构念的初始测量量表。在第五章中，通过文献阅读和分析，找出研究情境与本书接近、被学者广泛采用的成熟量表，对测量题项措辞合理修改，为实证研究提供可操作化工具。

（二）实证研究法

实证研究法采用问卷调查法、访谈法和统计分析法等。

问卷调查法包括预测试和大样本调查。运用小样本预测试形成最终的正式测量量表。在第五章中，在进行企业访谈的基础上，对测量题项进行净化处理，形成正式测量量表。运用大样本调查收集数据，并展开统计分析。遵循大样本调查相关程序和步骤收集问卷数据，对回收问卷数据进行分析，剔除无效调查问卷。通过剔除后的调查问卷数据，对整体模型进行拟合分析，检验所提出的研究假设。

运用访谈法对构念测量量表进行修订。在第五章中，运用访谈法修订测量量表。选取与研究相关的典型企业及专家学者进行深入访谈，用以检验理论分析与企业实际情况的差异，弥补相关理论研究的不足，补充或修订测量题项。

通过统计分析法处理问卷数据，检验所提出的研究假设。采用的统计分析方法包括：描述性统计分析、探索性因子分析、验证性因子分析、结构方程模型等。主要分析工具为 SPSS 18.0 和 AMOS 18.0。通过描述性统计分析，对收集的问卷数据质量进行初步判断（第五章）。通过探索性因子分析，在预测试中检验量表的结构效度（第五章）。通过结构方程模型对整体结构模型进行拟合分析，判断研究假设是否得到支持（第六章）。

二　结构安排

针对所提出研究问题，本书将研究内容分为七章进行组织，其中每章内容具体安排如下：

第一章：绪论。通过介绍本书所涉及的现实背景和理论背景，在把握已有研究动态的基础上，进而阐述与归纳出本书的研究问题。在此基础上，明确本书的研究目标和关键概念界定及说明，根据研究性质和方法适用性，提出本书内容、所使用研究方法和本书整体结构安排，为后续研究奠定基础。

第二章：理论基础与文献综述。这部分内容围绕本书的研究主题，评述已有研究进展，明确拟解决的问题。对供应商网络、治理机制、技术创新性相关研究进行回顾，再对现有文献梳理后进行评述，分析已有研究的不足之处，提出下一步尚需解决的研究问题。

第三章：供应商网络治理机制、前因及技术创新性关系的理论分析。运用构型理论构建网络治理的分析框架，在此基础上得出"前置因素—治理机制—供应商网络形态—网络功能效益"理论分析框架，分析框架不仅明确供应商网络治理的运行机理，也对合作开发新产品过程中有效管理供应商提供指导。

第四章：概念模型与研究假设。以我国装备制造企业为研究对象，首先对供应商网络治理机制的前置因素进行实证研究，通过结构方程模型检验技术新颖性、产品模块化、资产专用性三个前置因素对不同治理机制的作用。其次构建出供应商网络治理机制对企业技术创新性关系的概念模型，并通过分析概念模型的关键要素间的关系提出相对应的研究假设。

第五章：研究设计与测量质量评估。首先，介绍问卷设计方案，阐述构念测量量表的获取方法和情况；其次，对问卷调查进行有效性控制，明确数据分析步骤，说明研究数据收集情况；最后，测量质量评估，通过信效度分析、数据共同方法变异的检验来评估测量精准性。

第六章：数据分析与结果讨论。运用统计方法检验第五章所提出的假设模型，对研究检验结果进行讨论，通过比较和分析前人的研究结论，得出本书的理论贡献和管理实践意义。

第七章：研究结论与展望。对研究工作和主要研究结论进行总结概括，阐述本书的主要创新点，分析研究局限，并指出该领域未来的研究方向。

本书采用的研究内容与结构框架如图1-1所示。

第一章 绪论

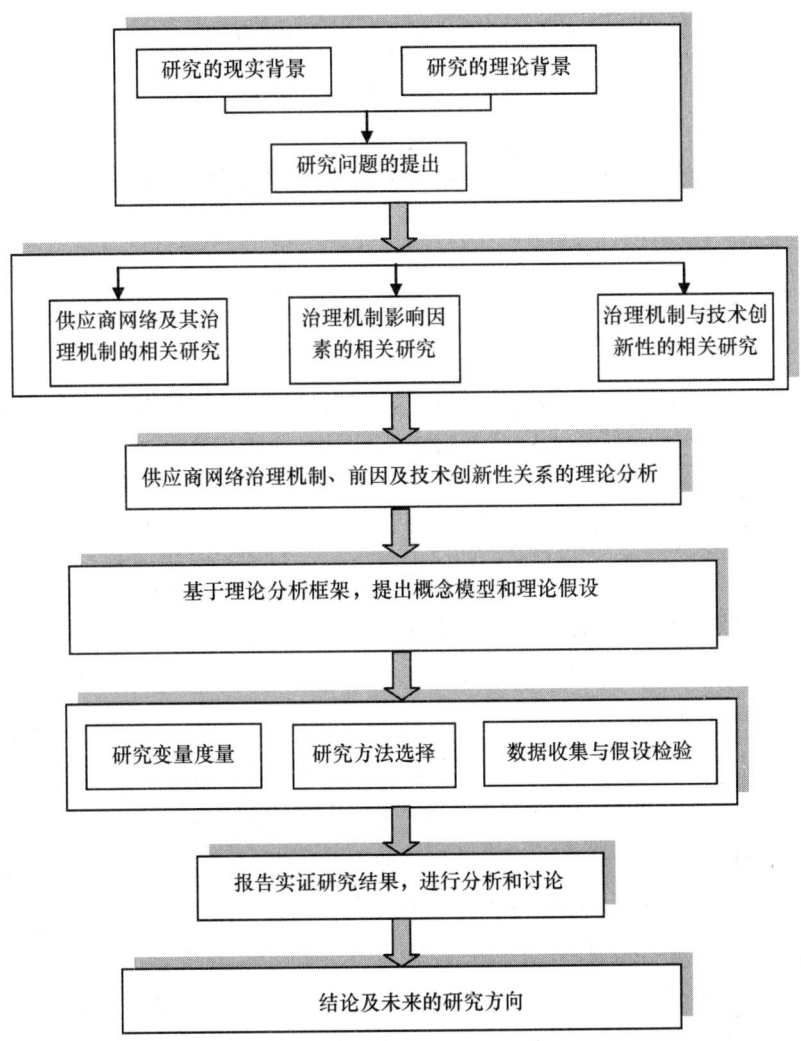

图1-1 本书的研究内容与结构框架

第二章 理论基础与文献综述

第一节 供应商网络及其治理机制的相关研究

一 供应商网络相关研究

探明供应商网络的内涵及其基本要素,有利于制造企业关注供应商网络组建和管理中的关键环节,使得制造企业更好地改进供应管理策略,为提高企业绩效和获取竞争优势提供理论指导。供应商网络的概念最初来源于 Hines(1996)的研究,其将供应商网络定义为基于长期、深层次合作关系的独立企业围绕产品价值链而构成的系统。Dyer 和 Nobeoka(2000)认为供应商网络是价值链中的关键成员,创造一系列合作过程规范使得他们可以作为一个整合体在一起工作。供应商网络是供应基中与主导企业形成具有长期、稳定合作关系的网络结构,其包含着物料流、知识流、技术流等大量的资源,对制造企业有重要的作用。目前,学术界讨论的与供应商网络有关的概念主要涉及供应链、供应网络等。供应网络(supply network),又称运营网络(operations network)或生产网络(production network),是由一系列相互关联的供应链组成的,包含为最终用户和顾客提供产品和服务的整个供应链环节(Braziotis et al.,2013;Sambasivan et al.,2013)。供应网络被认为是复杂的自适应系统,形成于企业间动态互动以适应环境需求(Pathak et al.,2009)。供应商网络是供应网络的一部分,是由以制造企业为主导并通过产品和服务的采购方式所管理的供应商组成的网络。供应网络与供应商网络是供应链管理研究的两个重要领域。供应网络的研究主要集中于制造企业如何有效利用供应商的生产运行能力，强调供应效率，其结构是以物流关系形成的网络结构。供应商网络集中于制造企业如何有效利用供应商创新能力，强调供应商参与，其结构是由买方主导的以合约及关系形成的树状的网络结构。供应链、供应网络和供应商网络三者之间的关系如图2-1所示。

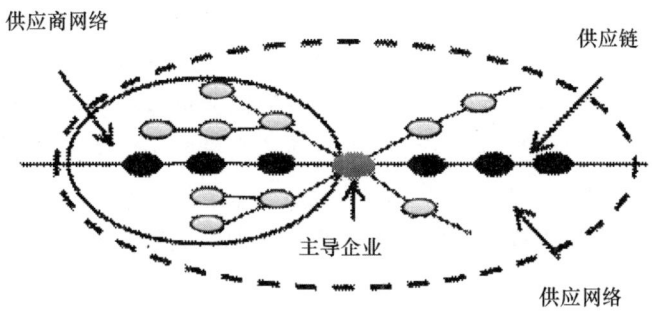

图2-1 供应链、供应网络和供应商网络关系

供应商网络，是由于需求的变化而导致供应链管理具体实践不断演进形成的。供应商与制造商之间的关系从20世纪五六十年代传统的市场交易关系、七八十年代物流的合作伙伴关系（logistic relationships）演化到90年代战略联盟的网络关系（partnership relationships）。现如今，制造企业更多地采用通过长期导向关系组建供应商网络的组织形式。

供应链管理的思想来源于20年代50年代，那时候的消费者需求单一，制造企业生产出来的产品供不应求，以美国福特汽车公司为代表的"流水线"作业形式，采用标准化管理的方式来生产汽车的各个零部件，通过大规模生产使得汽车风靡世界。福特汽车公司这一生产组织方式强调内部自制，这也使得企业采购活动只是起到辅助作用。此时处在消费者需求巨大且消费偏好单一的市场环境下，进而更好地促进生产制造的供应链管理随之出现，主要集中在制造企业及其供应商之间的物料管理和调配方面。这一阶段供应链管理的研究主要集中于独立的物流配送和物流成本管理方面的问题（黄聿舟、裴旭东，2015）。企业的采购职能集中于从供应商那里获得原材料和零部件，保证以最少的成本提供企业的生产制造活动所需的物质。

从20世纪70年代起，随着经济全球化、贸易自由化、消费者需求的多样化等的发展，供应链管理开始更多关注供应链整合与供应链的企业间采购和供应管理，其中以日本丰田公司"精益生产"（lean production）的供应网络为代表，以降低采购成本的供应链管理的传统观念开始向建立战略合作稳定的供应链关系转变。采购管理实践集中于供应基的优化，减少行政和交易费用，更多的制造企业开始青睐于以单源或双源采购战略（single or dual sourcing strategy）来取代传统的多源采购战略，通过减少供应基，增加对少数供应商的依赖，企业通过可操作性的运行指标如价格、交货期、历史表现、质量、生产柔性、配送等的权重选择来建立制造企业主导的供应网络（Johnsen et al.，2008）。制造企业与自身上游的供应商从简单的市场交易关系转变成战略伙伴关系，制造企业开始更多地采用长期导向关系行为，来实现与供应商之间的互惠互利。

制造企业管理供应商面临的问题是决定针对各个供应商的关系战略是什么和如何在供应商关系中分配资源。解决这一问题的主要手段是基于分类组合管理战略（portfolio strategies）确定与哪些供应商建立更为紧密的互动，与哪些供应商的互动较少，以达到"最优"供应商关系管理。这种分类组合管理的模式已经成为制造企业管理供应商关系的最为常用的工具。其中，最为著名的模型是Kraljic（1983）的分类组合管理模型，该模型的目标是最小化供应风险和最大化买方谈判能力。Kraljic矩阵涉及两个维度：产品的依赖性和供应风险，据此分类为四个类别并实施不同的采购策略。Kraljic矩阵已被管理者广泛接受并成为采购管理领域的经典模型，许多学者在Kraljic矩阵基础上进行补充和完善（Roseira et al.，2010；Gelderman and Van Weele，2005）。

从 20 世纪 90 年代开始，供应链管理又进入一个新的阶段。在全球化、复杂的竞争环境下，制造企业将与供应链相关的职能和过程纷纷外包，包括研发和设计、产品开发活动、产品生产制造、产品组装和物流运输（Jiang et al.，2007）。伴随着制造企业采购所提供产品的重要性增加，制造企业的采购职能发生变化，企业开始日益依靠战略采购来创造增值服务，从过去仅仅对非核心产品和服务的"简单"采购职能转向对高附加值的核心业务的战略采购（例如设计和产品开发）。因此，制造企业必须同时对不同供应商进行整合以获取不同资源（创新、柔性等）。这种转变使得采购职能面临新的挑战即管理日益复杂的采购方与供应商之间的关系，为了确保采购过程同新的竞争环境和企业的长期目标相适应，供应商网络应运而生。供应商网络是企业为了应对复杂、多变的竞争环境，不断缩减供应商数量，强化与供应商的关系，增强供应链能力，不断演化发展起来的。Deligonul 等（2013）通过宜家在全球范围内组建供应商网络的例子，从制度角度探寻如何构建供应商网络。Myers 和 Cheung（2008）认为供应链知识共享通过组织间的信息共享、信任和共同问题解决等机制实现。Corsten 和 Gruen（2011）认为买方—供应商身份认同有利于提高双方的信任、关系专用资产投入和信息共享，进而提高运营绩效。本书在参考 Annick（2007）研究的基础上构建了供应链管理中组织间关系的演化轨迹，如图 2-2 所示。

供应商网络的一个重要功能就是提供新颖和广泛的信息，为制造企业和供应商之间提供一个知识共享和知识互补的平台。网络促进企业间交换彼此的知识和技术，这种异质又互补的资源促进企业间的知识流动和知识创造。关于供应商网络形成动因的研究，开始被组织间关系研究学者关注和探讨，极大地推动供应商网络研究的发展和深化，相关研究较为成熟和完善，本书大致从交易费用理论视角、资源依赖理论视角和网络嵌入理论视角三个方面进行论述。

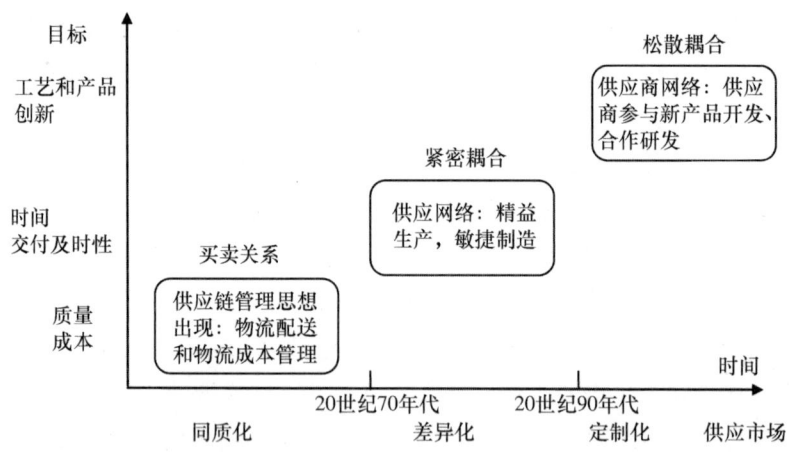

图2-2 供应链管理中组织间关系的演化轨迹

（一）交易费用理论视角

交易费用理论关注在可感知风险下有效防止机会主义行为，并以最低的交易费用来管理交易效率。交易费用理论最早探讨组织形式如何在市场和企业这两种形式间选择，在有限理性、不确定性和交易资产专用性情境下如何用最低的交易费用选择合适的组织形式，促使交易合作有效性（Williamson and Ghani，2012）。早期对于企业是否自制或外购某项产品和服务的决策，多半以交易费用的观点来进行分析。如果很有可能发生投机行为，则交易费用会提高，此时通过企业内部形式比较适合；相对地，当契约可以明晰准确表达并能强制执行，则偏向于市场方式。威廉姆斯最早指出企业和市场之间存在网络混合组织，三种不同组织形式的选择需要评估在有限理性、不确定性和交易资产专用性情境下如何用最低的交易费用促使交易合作有效性。交易费用理论从二元关系的研究拓展到供应商网络中，认为供应商网络是介于制造企业内部自己生产或从外部市场购买产品模块间的中间组织，是混合的管理结构（Wever et al.，2012）。供应商网络的形成主要源于供应商为了更好地与制造企业合作并获取在网络中的更好位置所进行的技术专用性资产的投入，这也使得供应商陷入被锁定的风险。制造企业为了更好地发挥供应商的积极性和调动供应商的资源，对与其有合作关系的供应商进行分类，并组建网络以更好地进行协调管理（Hallikas et al.，2002）。

在制造企业与其供应商的交易不确定性和交易频率高的情况下，根据交易费用理论分析，双方的资产专用性程度也随之提高，企业间关系由普通的市场买卖关系转化为长期导向关系，在极端情况下，制造企业甚至会直接并购该供应商实现产品模块的内部化生产（Williamson，2008）。这种垂直一体化通过阶层治理的组织形式来解决组织间由于信息不对称带来的频繁的讨价还价的交易费用问题。然而，内部化生产也会导致另一些问题的产生。第一，垂直一体化意味着制造企业和供应商的高度依赖性，在技术创新变化快的时候，供应商所拥有的技术可以不具备未来发展的主流技术，这时企业选择新的供应商的成本变高；第二，垂直一体化增加制造企业并购其供应商所带来的管理难题。当完全内部一体化由于竞争的交易费用很高或者受到限制时，绝大多数企业选择了与战略供应商组建供应商网络而不是垂直并购供应商，制造企业与战略供应商组建供应商网络就是最好的选择。因此，供应商网络的存在是因为交易费用没有高到需要企业内部治理，也没有低到由市场机制治理，所以供应商网络的交易费用介于二者之间。

（二）资源依赖理论视角

资源依赖理论的主要观点是企业为了生存必须依赖于其他企业的资源，而为取得资源企业必须与外部资源控制者互动。换而言之，环境中存在许多稀缺性资源，同时也存在许多限制条件，使得企业要想从环境中获取资源将面临众多困难和不确定性。在讲究分工合作的产业网络中，各企业的竞争优势在很大程度上来自于组织间资源的交换效率，通过组织间价值活动的运作，准确且高效地满足最终顾客需求。资源依赖理论强调即使面对同样的产业环境中的企业间，个别绩效表现、盈利能力等指标仍然会存在明显差异。其来源于企业所拥有的难以复制和替代的特有内外部资源，这些资源的异质性和组合适配去适应外部环境是企业获取持续竞争优势的源泉（Barney，1991；Peteraf，1993）。

一些学者开始将动态竞争模式引入资源依赖理论，并把动态能力视为比资源更为重要的竞争优势来源。这些学者认为企业的能力应随着时间、环境的改变而进行调整、适应，企业应该通过动态能力的发展来强化竞争力、改善绩效而非单纯通过资源进行竞争，换言之，以往的资源依赖理论关注的是在一个静态的框架下的情况，而现实是不断进行动态调整的情况。在快速变动和不稳定的市场中如何快速通过整合和重组内外部资源来适应快速变动的环境，甚至改变环境是企业竞争优势的来源。而随着市场、科技的发展，现今许多产业变动速度越来越快速，企业很难拥有获取持续竞争优势所需的各种战略资源，因而快速适配内外部资源与外部环境的动态调整能力，成为现今企业竞争中相当重要的一环。

跨组织所形成的网络资源与企业内部自有的资源不同。网络资源类似于一种存在于企业间关系网络的社会资本，比企业内部的自有资源更具竞争力。企业动态能力体现为设计良好的网络结构，是创造竞争优势的关键。网络形式是一种战略性选择，其摒弃过去交易关系间的竞争逻辑，改为合作互惠的逻辑来促进交易，创造网络组织的竞争优势（Barney，2012）。

供应商网络提供一种从其他企业谋求战略资源的有效途径，制造企业可以通过合作取得双方专有的核心资源，提供资源和知识连接演进的机制，从而对价值创造有正向影响。供应商网络的组建是网络成员间为获取互动性资源和知识，而建立和发展适当的治理机制与组织形式来促进组织间成员的资源分享和专用价值的保护，将来自企业间的资源配置组合从而有利于价值创造。供应商网络在相互依存和信息共享的基础上，能形成长期有效的联结，使得网络内的成员共存共荣，进而形成竞争优势。

（三）网络嵌入理论视角

网络嵌入被视为影响企业的未来能力和期待绩效的战略性资源，企业的绩效产出将因网络嵌入不同而有所差异。网络间的各种资源（如知识、信息和能力）都是不均匀地分散于网络中，各成员在网络中的结构嵌入和关系嵌入形式也决定其吸收与整合网络资源的能力，同时也造成企业竞争能力差异。网络嵌入理论认为，具有网络型组织的企业，有利于增强企业组织的活力和形成企业之间的价值创造（Vinhas et al.，2012）。现代供应价值链的特色在于分工专业化，供应商和制造企业被嵌入一个复杂的关系网络中，在供应商网络中，制造企业和供应商进行互相的合作活动，网络成员间的紧密的信息共享，促进网络成员间了解需求，因而大大降低了制造企业和供应商、供应商与供应商之间在产品买卖、模块供应、交付时间等方面的不确定性。

企业的网络嵌入是经由长时间发展，从单纯的市场交易关系演变到以适应和信任为基础的关系状态。企业的关键资源存在跨组织边界，嵌入在供应商之间的资源、常规和流程之中，而供应商是技术创新的主要来源，有比较好的知识转移机制的生产网络，将会是比较能够创新的生产网络。具体而言，网络嵌入促进企业间和企业内部的技术知识转移，由此可以产生新的技术知识以建立持续的竞争优势（Wathne et al.，2001）。而技术知识获取是技术知识转移必不可少的环节，企业要想获得某种技术知识，需要通过各种媒介寻找到合适的技术知识源。由于供应商的专业优势和技术专长，可以直接给企业提供自身不具备的技术知识，让供应商参与可以增强双方的互动程度。根据网络嵌入理论，制造企业直接利用供应商创新是有难度的，让供应商参与能够促进知识，尤其是技术知识向企业的流动，而技术知识的转移往往需要双方进行频繁的、深层次的互动。比如，通过与供应商现场面对面的交流与沟通，有助于双方共同探讨和协商解决技术创新中可能出现的各种技术问题和难题。在此过程中，企业既可以获得诸如改进产品性能和完善产品功能等方面的显性技术知识，又可以获得新产品设计、生产工艺和流程、生产过程控制等方面的隐性技术知识。因此，网络成员间如果有知识分享惯例，当企业和供应商之间存在跨组织的技术或组织常规的转移，这些资源的整合使用将比单独使用更容易获得价值的最大化

(Huang and Chang, 2008)。

二 治理机制在供应商网络中的作用研究

制造企业和供应商所形成的供应商网络主要以制造企业为主导,其关系主要通过契约来保障双方权益,在交易费用的约束下,企业会在垂直整合和市场两个目标间按照自身所拥有的资源进行决策,网络是其中一种决策行为。网络关系不仅仅是简单的投入产出关系,而通过关系嵌入有助于降低风险和机会主义行为,使得企业发展有利于产生关系租金。企业和供应商各自拥有的资源禀赋不同,通过网络连接有助于彼此了解,专业化分工使得供应网络从原先单一线性分布转化为复杂的供应商网络,有利于沟通交流和内隐知识的共享,从而创造学习机会来促进创新的产出。供应商网络成为主导企业和供应商组织间合作的常用形式(Chassagnon, 2014),在这种形式下,主导企业将产品模块化,并对每个模块的特定要求、模块所需要的能力和责任进行很好的分解。主导企业和供应商通过契约形式商定合适的价格并被双方所接受,由于二者之间经常存在不平等关系,契约的签订时间往往很短,供应商一般不提供配置去参与主导企业的创新活动。近20年来,组织间关系的治理结构发生巨大变化,从严格的上下级关系演化成相互承诺的亲密关系。现代企业不再追求垂直一体化,转而追求由特定资源和知识集成而形成的大而密集的网络,这种具有松散耦合特征的网络使得参与企业从网络中获取和创造不可模仿的能力。

供应商网络的治理是一种混合形式的治理方式。供应商网络治理有多种治理机制,结合前人的研究(Teimoury et al., 2010; Bazyar et al., 2013),笔者把治理机制分为信任和控制两种基本元素,信任和控制相互补充(李维安等,2016)。控制提供资源的保护和获取权力的机制。信任机制是以信任为基础,有主导企业和其网络成员之间形成的共识,并有相应的沟通协调运行机制,依赖于使用社会战略(社会规范、群体压力、分享信仰和经验)来减少委托者和代理者之间的目标不一致性。在供应商参与情境下,由于制造企业与供应商之间有一部分以股权为基础的战略联盟关系,网络间具有复杂产品系统的组织特征,为了保证契约的有效执行,控制机制不仅包括事前的契约治理,也包括事后的权威治理。基于此,Caniëls等(2012)、Wang等(2008)和Burkert等(2012)的研究将其治理机制分为三个基本形式:权威治理、契约治理和规范治理。权威治理和契约治理依赖于权力和成文的契约协议来影响行为通过绩效评估和奖励;而规范治理是以信任为基础,由主导企业和其网络成员之间形成共识,并有相应的沟通协调运行机制。

先前交易费用理论对于治理机制的讨论强调当交易费用增加的时候企业倾向于通过正式的治理机制来管理,但是社会网络理论和社会资本理论则强调要更多运用非正式的治理机制来增强组织间信任和社会认同,通过建立沟通小组,分享决策过程和联合问题解决来减少交易费用。从现有的文献来看,这二者并不是完全互斥。在实际运行中,单一的治理机制并不常见,供应商参与技术创新中治理方式往往是几种治理机制混合使用,即网络中许多种治理机制被用来维护、协调和适应资源的交换(Rindfleisch et al., 2010)。最为典型的案例就是丰田的供应商网络所使用的治理方式(Dyer and Hatch, 2004),丰田通过使用两个或两个以上的供应商同时供应相同零部件(契约治理)有效保证供应商之间的竞争性,供应商之间的竞争可以不牺牲彼此的利益而同时保证关系发展和组织间学习。丰田运用行政命令(权威治理)来进行供应商开发(其主要形式有供应商协会、咨询团队和学习小组),这意味着丰田使得供应商从会议或更小的学习小组中受益,而且提供不同供应商学习的咨询服务,例如一个供应商创新改进制造流程,它有义务与其他供应商分享经验。同时这个创新型供应商会获得一个额外的订单作为回报,这些结果使得丰田不仅尝试其供应商之间的信任关系(规范治理),而且寻求一种有利于供应商网络间的学习。这种稳定而又有变化的协议,促进网络伙伴的相互知识共享,又促进彼此的信任。

供应商网络,是由主导企业与通过合同、产品和服务的采购等方式进行直接管理和间接管理的供应商所结成的网络(Choi and

Krause，2002）。制造企业组建供应商网络面临的重大挑战是如何匹配它们所面临的治理问题来有效消除机会主义行为（Sande，2007）。与此同时，单独讨论单个治理机制对于供应商网络是有用的但是却很少有现实意义，治理机制的混合使用如何作用于供应商网络有必要进行深入分析。

第二节　治理机制影响因素的相关研究

组织间网络能否高效运营，网络效应能否充分发挥，直接取决于主导企业的网络治理机制是否到位。治理机制主要是指治理有限理性、资产专用性和不确定性所带来的交易困境，防止供应商的机会主义行为和搭便车现象发生所提供的正式和非正式的制度安排和规范。治理机制就是为保证网络有效运行，而在治理过程中采用的各种治理手段和方法的集合，目的是为解决网络成员间合作协调等组织间治理问题。目前，学者关于治理机制的研究主要以交易费用理论和社会网络理论为理论基础，关注于所嵌入的特定情境是如何影响治理机制的运行过程和不同机制间交互作用。

治理机制是网络治理的核心内容，网络治理的实质是治理机制的选择和组织间协调过程。网络治理受到学者关注是在威廉姆斯的一系列交易费用理论研究，在传统经济理论中企业和市场二分法的基础上提出企业—网络—市场分析框架，阐明网络治理的本质内涵和特征属性，成为治理机制相关研究的理论基础。Williamson（1991）最早指出企业和市场之间存在网络混合组织，网络是介于制造企业内部自己生产或从外部市场购买产品模块间的中间组织，与其相对应的治理机制是一种混合形式，不同治理机制的选择需要评估在有限理性、不确定性和交易资产专用性情境下如何用最低的交易费用促使交易合作有效性。Jones等（1997）强调网络治理是由许多在法律意义上独立的企业组成的具有选择性、长久性和结构性的关系集合，网络成员间提供产品和服务依赖于其社会性因素而非法律强制性手段。其采用网络嵌入观点，指出多重交易条件的互动，会导致结构嵌入和社会控制机制的使用，从而建立网络治理模式。社会机制包括集体制裁、限制性进入、宏观文化和声誉等的使用是为了协调和保护网络，用于解决网络交易出现的各种问题，从而形成网络成员间目标的一致性，形成互惠、互赖的氛围，以社会资本实现集体短期目标和长期目标。Powell（1987）提出网络治理的观点，认为交易时嵌入在社会网络中，网络治理是市场和阶层外的另一种选择。市场机制重视信息传播、价格和契约制定，阶层主要通过阶层结构、以命令和内部规范为主要手段。而网络治理，是以网络成员间的信任和相互适应作为运行机制，通过网络主导者的管理，促进网络创新产出。Dyer 和 Singh（1998）指出网络治理在组织间创新中起到关键作用，其影响联盟伙伴参与价值创造活动的意愿。网络治理提供一个保障措施鼓励成员间分享产权知识和创造性思维。企业间的知识流动是困难且难以复制的，关系治理促进网络成员间的利益协调，以及企业内外部资源的协调，通过网络治理就有机会接触到其他企业的有价值的知识进而实现技术创新。

交易费用理论探讨在有限理性、不确定性和交易资产专用性情境下如何用最低的交易费用促使交易合作有效性。机会主义行为虽然有时会以欺骗和撒谎等明显形式表现出来，但在大多数情况下，机会主义行为表现隐蔽，不易察觉。治理机制问题就表现为如何在可感知的风险下有效防止机会主义行为，并以最低的交易费用来提高交易的效率。交易费用理论强调网络的治理如同阶层组织一样，需要依赖于法律、契约、权威等正式的制度安排来约束网络成员间行为，进而抑制机会主义行为和搭便车现象。因此，治理机制重点是设计一组好的秩序和机制，促进网络组织间知识流动和共享，来实现有效组织间的资源交换和协同，同时抑制组织间成员的机会主义行为所产生的风险，以保护网络创新产出。

社会网络理论被学者广泛运用于治理机制的研究中，社会网络理论强调组织与外界环境存在松散耦合的特征，从而嵌入多重交叉的社会网络。网络嵌入是社会网络的基本分析框架，可有效分析企业的相关问题。有效治理机制运行会促进清晰而确定的目标，有利于减少合作伙伴间的不确定性所带来的交易困境，防范合作伙伴的机会主义行为，确保交易的有效进行。项目成员在任务的执行过程中也能获得更多的自主性和独立性，使得组织间形成知识共享、学习导向和开放思维的氛围，通过网络成员间信息、知识和技术的分享和学习，使得主导企业较早接触技术发展的机会，并激发开发新产品构想，决定企业采用新技术的倾向，进而提升网络的竞争优势。

学者关注于所嵌入的特定情境是如何影响治理机制的运行过程，即企业如何针对组织所嵌入特定情境，通过组织间各种关系和制度的安排，设计适宜的组织间活动组织方式，来促进组织间资源的自由流动和整合，从而实现共同的战略目标。Shah（2000）强调网络组织间要素的相互依赖是协调问题产生的来源，因而必须依据具体的依赖关系设计相对应的治理机制。Charterina 和 Landeta（2010）指出组织嵌入到特定的社会网络中，由于网络成员间不同的关系形态、情境因素和组织构架的差异，企业通过对治理机制的设计，获取互补性、有价值的资源和能力，进而提升网络价值创造。Yoon 和 Hyun（2010）通过组织间交换的经济层面和社会层面，探讨组织间治理机制如何与交易情境适配的结构来提升主导企业的创新。Hoetker 和 Mellewigt（2009）提出组织间治理的含义是如何设计各种机制和可运作安排，来实现组织间交易风险规避和交易后所出现的适应问题。因此，组织间治理机制是一个情境依赖的多维度概念，应该是针对特定管理情境所衍生出来的治理问题设计相对应的解决措施，企业选择不同治理机制是为了匹配其所面临的治理问题。

现有学者重点研究治理机制分类及其不同治理机制间的交互作用。治理机制研究集中于比较不同的组织形式和不同的治理结构，将组织间治理机制分为正式治理机制和非正式治理机制。这两种治理机制的相互关系一直是学术讨论的焦点。一种观点认为这两种治理机制存在替代关系。Dyer 和 Singh（1998）强调决定企业竞争优势来源于以信任为基础的非正式治理机制安排，其能增强合作伙伴合作意愿，减少交易过程的机会主义行为，从而有效替代以契约为基础的正式治理机制。Ghoshal 和 Moran（1996）指出，正式治理机制通过详尽契约设计能为合作双方提供理想的进入和退出机制，保证交易过程的有效运营，那么契约就会减少采用非正式治理机制。另一种观点是这两种治理机制存在互补关系，Poppo 和 Zenger（2002）最早通过实证研究发现，正式治理机制和非正式治理机制二者是互补关系而非替代关系。契约治理能通过翔实明晰的契约协议约定，使得合作伙伴在背离协议执行自利机会主义行为时受到高额罚款，从而有效减少组织间冲突；而关系治理增强企业间的互动，有效弥补契约治理应对突发事件的不足，进而有效促进企业间合作的顺利进行。Li 等（2010）强调正式治理机制和非正式治理机制存在互补性，它会促进网络成员间的信息交换和联合解决问题的能力，使得网络成员间更好地相互适应，进而避免潜在的交易危害。同时通过对实证结果进行分析发现，在网络组建初期，以正式治理机制为主导，而在网络组建稳定以后，以非正式治理机制为主导。Möllering（2005）研究组织间关系的治理需要把信任因素拓展现有的传统的治理理论，认为治理机制分为信任和控制两个基本元素，作为两种基本模式相互影响和相互促进。Yu 等（2006）通过研究如何设计治理机制从而鼓励本土供应商对跨国制造企业进行专用性资产投入这一问题，发现高度信任、对关系持续性的信任和惯例式援助可有效调节正式治理机制和专用性资产投入之间的关系。

关于正式治理机制和非正式治理机制关系的先前研究主要从理论上对比二者的作用效果，检验在契约治理基础上引入非正式治理能否产生更好的绩效，进而评判不同治理机制的优劣性。由于没有考虑到前置因素的影响，早期的研究通常判断正式治理机制和非正式治理机制之间存在替代关系。而在 Poppo 和 Zenger（2002）首次通过实证发现二者存在互补关系后，学者们重新关注二者之间的关系，并通过实证研究深入分析。

随着学术研究的深入，学者们发现在不同情境中，二者关系受到不同因素影响表现出不同的关系，替代关系和互补关系在实际情况中可以共存于交易活动中（李随成等，2015）。Williamson（2008）从交易费用理论视角研究供应链管理，认为不同治理结构具有不同的成本和优势，应该与交易的属性相匹配以实现交易费用最小化。同时，企业应该选择的治理机制能有效地解决它们所面临的治理问题。契约治理主要适合具有充分竞争市场的简单、功能性产品，而关系治理适合不充分竞争市场的复杂、创新的产品。现有网络治理研究主要集中于治理机制选择。肖静华和谢康（2010）运用博弈分析方法探讨环境不确定性对供应链信息系统中治理机制选择的影响。研究结果表明，在环境不确定性高的情况下，正式治理机制和信任治理共同使用比单一采用正式治理机制的促进作用更大；在环境不确定性低的情况下，正式治理机制和信任治理共同使用比采用单一信任治理的促进作用更大。吴德胜和李维安（2011）通过随机匹配博弈模型分析非频繁交易情况，得出结论：在契约治理成本较低时，契约治理的引入代替非正式治理；当契约治理成本处于中间情况时，契约治理补充非正式治理；当契约治理成本很高时，契约治理不会影响交易方对非正式治理的选择。通过上文的文献回顾，虽然许多学者通过理论和实证研究已经探明正式治理机制和非正式治理机制的替代和互补关系，也有学者开始关注不同治理机制发挥作用的情境不同，然而有一个重要话题先前却很少被关注，现实的组织间网络如何选择与交易情境相适配的治理机制，治理机制的选择是主导企业在网络治理中所要解决的关键问题。因此，要关注在不同网络情境下，治理机制混合使用对网络效力的影响，这样有利于深入分析治理机制对网络治理的内在机理，从而帮助制造企业更好地管理组织间网络。

第三节 治理机制与技术创新性的相关研究

一 技术创新性的内涵

创新最早是由经济学家熊彼特提出的，他认为创新是企业采用一种改变自身生产的新的程序或方法，是经济增长的原动力。他明确指出了"创新"和"发明"之间的区别：发明是一种科学性的活动，而创新则是关注经济利益的活动。从科技的角度来看，创新不一定带来科学上的发明，企业采取的新的生产程序和方法可能早已存在，创新是产品、服务和流程的第一次成功运用。同理，发明也不一定会伴随着创新活动的产生。创新是企业在生产运营中所使用的任何新的方法，包括产品种类、生产制造、组织管理、战略决策等方面的进步。

然而并不是所有企业都可以获取和运用创新，企业取得成功的关键在于实现创新的能力，企业创新性被认为是驱动实际创新的关键动态能力（Winter，2003；Schilke，2014）。创新性是一种机制通过动态能力制造新资源配置，是企业对机会和风险的觉察，以及时决策并改变资源基础的潜在系统解决问题的能力，实现创新性产品和服务的开发和使用，进而实现占据有利的优势位置并增强绩效产出（Henkel et al.，2015；Ambrosini et al.，2009）。如表2-1所示，创新性与创新存在不同，创新关注创新的实际实践和最终产出，是结果导向的。创新被认为是组织所新采用的通过内部或外部获取设备、系统、项目、过程、产品和服务。创新性不同于创新。创新性是过程导向的概念（Golgeci and Ponomarov，2013），是企业文化面临新想法的开放程度。创新性更适合资源依赖理论视角，不是关注创新的最终产出，而是在面对环境不确定性时有意愿利用信息转变传统想法来获取可利用的机会（Kibbeling et al.，2013）。

Lee等（2013）认为创新性表示对于新事物的尝试意愿或是对自身改变的意愿，涉及开放性和能力把创新引入组织，是将创新概念和想法运用在产品、服务和流程，代表企业接受新挑战的意愿。

因此，创新性从企业层面上来说是企业进行创新和创造新的商业解决方案的意愿和能力。

表 2-1　　　　　　　　　　创新性分类研究

	关注重点	主要发现	相关文献
技术相关	创新意图	在技术创新过程中形成新奇有用的想法、产品和流程等 考虑用现有所忽略方法、拓展惯例思考模式等去探索未知	Menguc 和 Auh（2006） Le Masson 等（2011）
	技术的创新能力	创新不仅需要契约有行为意愿、战略意图和承担风险的能力，同时也需要拥有创新的技术能力 引进新过程、产品和想法的能力 改进现有产品、流程和充分发挥组织创造性资源的能力	Salavou（2004） Hult 等（2004） Schultz 等（2013）
行为相关	新想法的开放性	愿意放弃旧的习惯并去尝试新的未被测试的想法 愿意去倾听所有方面的声音，探索和实验这些想法	Hurley 和 Hult（1998） 张国良和陈宏民（2007） Shoham 等（2012）
	承担风险意愿	对战略、结构、过程、激励机制的改变来适应创新的变化 创新是存在风险的，尤其在产品开发的模糊前端阶段	Fell 等（2003） Sheng 等（2013）
产品相关	对顾客的创新性	判断市场创新性的关键在于消费者认为与之前出现的产品相比新产品是否存在显著性改变 产品能满足先前不能被满足的需求或者给消费者创造新的体验	Talke 等（2011） Song 等（2011）

续表

	关注重点	主要发现	相关文献
产品相关	对企业的创新性	从行业和企业的角度来看,产品创新程度分为六个方面:新的产品线、现有产品的改良、降低成本的产品、现有产品线的延伸、重新定位的产品和新上市产品 虽然其他企业可能已经生产或销售,但对于某企业而言,一直没有制造或销售这类产品的经验	Gao 等(2015) De Clercq 等(2011) Duhamel 和 Santi(2012)
	对行业的创新性	相对整个市场而言,是第一次上市的产品创新	Kyrgidou 和 Spyropoulou(2013)

基于对创新性的分析,技术创新性是指新产品所嵌入技术的创新程度,包括创新意图和技术的创新能力两个方面。Antoncic 等(2007)认为技术创新性是一个以探索性和渐进性为两端的衡量新产品开发所嵌入技术的创新程度的连续变量,通常涉及产品构建、产品模块、产品特征功能和制造过程的技术创新性。Kock 等(2011)认为技术创新性是指公司在开发新产品时用来解决重要技术问题的新奇程度,然而研究中所用的技术创新性衡量是一种以产品为基础的观点,而不是以公司能力为基础技术创新定义,所用的方法是以技术解决方法的新奇程度或独特程度为基础。企业基于市场上新的或整合技术降低制造成本、改进产品质量和改善制造流程,通过有效合理地利用资源使得资源配置的竞争力增强(Hollen et al., 2013)。

管理者不得不思考新产品开发需要整合的技术的创新程度水平,以更好地理解技术创新性对创新产出的影响。企业通过调整和重组产品研发及生产制造所需要的专业知识和能力,来有效解决创新活动中出现的新的复杂问题。技术创新性涉及企业技术创新的能力和反映企业倾向于支持和使用在新产品、服务和技术过程中产生的新想法、新颖性、实验性和创造性(Hult et al., 2004)。技术创新性根源于技术的联合解决问题，这必须拓展内部与外部组织的合作范围。技术创新性保障更好的技术绩效，提供附加功能和增加客户利用，而这些技术优势常常伴随着各种牺牲和障碍，如高风险和不确定性。技术创新性涉及新产品所嵌入的技术的改变程度，高技术创新性经常导致行业和学科改变知识基础，在一些极端案例中，新技术总是伴随着技术和实验的范式转移过程和可以从根本上改变相关领域技术发展轨迹，导致现有技术的废弃。因此，技术创新性暗示着新技术原理的引入，这些原理需要新的知识基础，并对技术系统的架构进行改变（Schultz et al.，2013）。

二 技术创新性提升机理研究

技术创新性在新产品、技术和市场中起到关键性作用，驱动企业乃至整个行业的增长和成功。知识被认为是企业进行价值创造的基本要素，技术创新性的本质是创造并在价值链上运用这些知识。知识的来源是企业本身内部创造的知识或者从组织外部环境中搜寻、识别和吸收的知识。企业技术创新性的提升是整合各种技术要素并创造出企业本身所独有的、稀缺性和不可模仿性的技术资源过程。在技术创新的模糊前端阶段，增加信息和知识有利于帮助预测和认识技术各阶段所能遇到的问题，并能及时进行调整和改进，刺激创意产生，并能快速解决技术创新所产生的相关问题。

相关文献研究显示，企业技术创新性提升主要有三种：

一是技术创新性提升内生论，即通过内部知识利用提升技术创新性。这方面研究主要涉及企业收集并利用内部所有可以利用资源、信息和知识的能力，来增强技术创新和组织各功能领域的协同。技术创新活动包括构想形成和筛选、早期开发和测试，以及生产导入等，企业可以通过改善技术创新活动来提高技术创新的成功率。企业应该积极运用内部整合来开发出合适的新产品，内部整合关注技术创新团队成员间协调、沟通和合作及技术创新团队成员与其他功能部门间的跨功能团队整合。Swink 和 Song（2007）指出，跨功能团队中有制造部门参与对技术能力、制造材料和所需相关信息在团队中共享，并提供建设性方案，有利于新技术整合到现有生产中。市场营销部门参与可提供消费者需求和市场潜力、竞争产品等信息，有利于技术创新团队对生产、产品规格、顾客偏好、产品使用方式有更多考虑（Talke et al., 2011）。跨功能团队的互动是通过部门间正式的协调活动，包括惯例会议、计划性的电话会议和正式文件的传递，这些互动将组织结构导入，促进部门间的联系。Sethi 等（2001）强调跨部门合作通过愿景分享、共同目标和联合问题解决致力于组织不同单位间的相互依赖，以及信息共享，从而促进共同目标的实现。

二是技术创新性提升外生论。外部网络关系对技术创新性的提升起积极作用，技术创新网络主要有两种类型：第一，纵向关系技术合作网络，是供应链上下游企业间围绕技术创新所组建的供应商网络。学者们意识到供应商参与创新会给制造企业带来好处。Petersen（2005）研究发现，供应商整合有利于改进技术创新的成功率、项目领先时间、更好的产品质量和更低的项目成本。供应商参与可以减少技术创新项目的缺陷，因为供应商信息可以被直接利用和转移通过项目，现在问题可以在早期被发现。Song 和 Thieme（2009）指出供应商作为市场上提供专业技术的专家，整合供应商特定知识进入创新项目能实现联合问题解决，从而有更高的创新性和更好的客户体验。Azadegan 和 Dooley（2010）认为，专业化分工使得制造企业专注于自身核心技术领域，并通过供应商创新性来直接满足企业非核心技术领域的生产和制造的创新需求。Henke（2010）指出，制造企业的创新想法大多来源于外部供应商，制造企业和外部供应商建立高效的知识转移机制，促进技术知识升级，从而实现核心竞争能力的提升。杨婷和李随成（2012）强调制造企业通过与外部供应商组建供应商网络形成战略合作关系，通过供应商整合获取供应商创新性，吸收和内化与制造企业内部相匹配的技术知识等有价值的供应商资源，并将其并入内部技术资源体系中，从而实现技术知识螺旋上升发展。第二，横向关系技术合作网络，是企业为了更好地促进创新产出而与非供应链的创新企业、高校、科研机构甚至竞争对手等外部组织间形成技术合作关系。Dhanaraj 和 Parkhe（2006）认为，强调网络成员间的身份认同可创造网络成员的善意，并通过强化知识在网络成员间的流动，进而增强网络的凝聚力。其关注搜寻和确定新知识方面，强调产业价值链相关组织为最重要的知识存储处，然而知识的拥有者和学习者由于竞争关系存在，使得知识的价值常被屏蔽，为了促进企业从网络成员处获取知识，往往建立网络间的共享平台，促进网络成员的认同并分享有价值的知识。另外，Wincent 等（2012）强调组织间的社会嵌入也是促进知识流动的重要方式，组织间的社会嵌入是指组织间同时具有正式和非正式的联系，通过社会资本提升来促进可能产生创新的知识在网络中的流动。

三是技术创新性提升内外混合论，即组织间学习可以促进新知识和技术产生，并通过自己有效学习转化为企业内部可运用的知识。Kor 和 Mesko（2013）提出制造企业通过选择、识别、获取和吸收外部技术知识到企业内部，经过技术知识的重新诠释，将外部技术知识与企业内部技术知识有效融合，最终转化为满足企业自身所需的技术能力。Dyer 和 Nobeoka（2000）通过对丰田公司组建供应商网络的案例进行研究发现，在通过网络转移并吸收与重新诠释新知识方面需要知识接收方和供给方都具有良好的能力和意愿。当双方存在长期导向关系，并经常性互动合作，可使企业有机会转移并在互动中转移高复杂性的内隐知识。因此，制造企业仅仅获取来自外部的新的技术知识并不能代表对技术的充分掌握，只有将这些新技术知识成功地在企业内部传播，充分吸收和消化至企业内部，并与企业现有的技术知识相互整合，转化为企业自身的技术知识并利用其进行新产品的开发等创新活动，才能提升企业的技术创新性。

三　治理机制与技术创新性

基于技术创新性提升机理分析，本书倾向认同技术创新性提升是由内外部因素共同作用而成，即组织间学习可以促进新知识和技术产生，并通过自己有效学习转化为企业内部可运用的知识。制造企业不仅要获取来自外部的新的技术知识，通过消化、吸收与整合，从而对企业内部现有技术改进，才能提升企业的技术创新性。

随着组织间合作创新的深入，企业技术创新开始从封闭式创新向开放式创新转变。封闭式创新强调创新活动必须自给自足，成功的创新需要强有力的控制，创新活动在企业内部，企业需要拥有自己的创意，产品研发部门先对基础技术做出突破，在此基础上进行新产品开发，随后把新产品推向市场、从销售新产品中获利，并将获利进一步投入研发，从而产生新的创新，形成一个良性的封闭循环。开放式创新强调技术越来越复杂、产品生命周期越来越短，任何一个企业难以拥有创新过程所需的全部知识、资源与技术，为促使新产品更快速进入市场，企业应该从外部获取创新资源来加速创新产出。企业创新的过程需要与外部组织互动来获取技术知识，并与企业自身的技术相互整合，从而促进企业技术创新能力的提升。

近年来，随着技术快速发展和全球化竞争加剧，企业必须持续进行创新以维持竞争优势。制造企业的产品具有复杂产品系统的特点，如汽车、航空航天等制造企业，通常需要融合多个技术领域，整合各种来源的知识进行新产品开发活动。技术创新活动极少由单个企业独立完成（Cheng et al.，2013）。由于突破性技术的复杂性，使得产品设计不稳定、市场风险性大，供应商早期参与技术创新可以有效减少技术创新时间、降低技术失败率和成本，提高创新绩效，制造企业纷纷将精力和资源集中于自身的核心专长，通过供应链整合，利用上游供应商一起进行产品的研发设计、技术创新活动、产品生产制造、产品组装和物流运输已成为制造企业赢得竞争优势的重要途径（Inauen and Schenker，2012）。实践和学术界开始认识到买方—供应商关系是联合价值创新的重要手段（Eltantawy et al.，2009）。供应商网络是主导企业直接与各个零部件模块供应商直接合作所形成的网络。主导企业往往拥有覆盖全价值链的超强实力，处于供应商网络的核心地位。主导企业与供应商所形成的是一个紧密的网络，这种网络开放性低，成员之间的嵌入性和黏性较高，通过频繁的交互以及相互沟通促进隐性知识在其间的共享。汽车制造行业便是其中较为典型的例子，汽车制造企业现阶段从整车开发和制造责任转移到整合模块供应商。为了集中优势在核心竞争力上，汽车制造企业严重依赖供应商所提供的技术支持，有些汽车内部80%的零件是来源于供应商。制造企业通过日益重视供应商网络管理的实践，大大降低交易费用、节省管理费用和提高技术创新绩效等方面的利益。另一个典型案例是波音开发的梦想客机"Dreamliner"787制造网络。波音公司开发787客机是第一次实施全球供应链战略，通过对787客机的各个模块进行重新设计，波音把大量的工作外包给全球23个一级供应商，波音在787客机研制过程中从一个单纯的飞机制造商转化为系统集成商。波音787客机在产品设计和开发中引入供应商，建立全球性协助体系，加快产品开发进度和大大降低开发成本，成为波音历史上造价最低、研制时间最短的机型。

企业重视供应商网络带来价值创新活动，并通过组建供应商网络从过去非核心产品和服务的采购转化为让供应商深入参与的创新活动中。Petersen等（2005）研究发现，供应商整合有利于改进新产品开发的成功率、项目领先时间、更好的产品质量和更低项目成本。Handfield等（1999）指出供应商作为市场上提供专业技术的专家，其所提供的信息可以被直接利用到技术创新早期活动中，通过联合问题解决整合供应商特定知识进入技术创新早期阶段，供应商参与可以减少技术创新缺陷，有效提升新产品开发的成功率。Johnsen等（2006）强调供应商参与对技术创新过程中的重要性，认为技术新产品开发构架应该建立在以供应商为基础的模块和子系统上。现有研究充分说明组建供应商网络对企业提升技术创新能力的重要性。然而相关研究也显示，供应商参与创新并不能像相关理论所预计的那样能顺利转化为企业竞争优势，在具体实施过程中还存在很大的风险性。有学者（Song and Thieme，2009；Littler et al.，1998）发现，供应商参与甚至导致成本的上升和开发延迟。Koufteros等（2005）甚至还提出供应商参与不仅增加企业间的协调难度和成本、延长技术创新周期，还降低技术创新效率，并最终导致企业突破性创新能力的降低。

近年来，供应商网络与企业技术创新性之间影响关系研究取得一定进展，大多数的研究结论肯定供应商网络对企业技术创新性的积极影响作用，然而也存在否定供应商网络对企业技术创新性有积极影响作用的现象，出现这种对于二者关系不一致研究结论的原因在于：供应商参与技术创新是一个知识密集性活动，要求制造企业、制造企业的供应商，以及供应商的上游供应商之间实现信息共享。这表明在环境不确定性和创新复杂性背景下，企业需要组织边界相互渗透来获取外部知识和技术，进而产生价值创新（Felin and Zenger，2014）。供应商参与技术创新比起传统封闭式创新的治理方式更加复杂。开放式创新下企业的技术创新不仅要善于利用外部资源，引进技术、降低研发成本和有效缩短技术创新时间，而且要持开放的心态，积极调整组织形式来适应创新形式变化。

当制造企业由于本身缺乏创新的核心知识和能力需要从外部导入创新技术时，制造企业技术创新性实现从以企业内部资源为中心到以外部供应商网络为中心的转变。这一转变将外部创新技术整合到内部技术创新流程和网络管理设计中，并且提升本身技术创新能力，使得创新技术扩散到企业整体运营中，进而转化为企业竞争力。随着供应商网络的形成，依托于供应商的网络技术创新活动也正成为学术研究的热点话题。通过以往研究，如何把外部新的技术知识有效整合到企业内部现有技术在很大程度上来源于企业对网络成员的协调和控制能力，因而有必要对网络管理过程和网络治理机制有更深刻的理解。

第四节　现有研究评述

1. 治理机制在网络组织管理的重要性被学者所关注

目前，对于网络治理机制的研究已成为学术界研究的热门话题并被深入研究，主要形成战略联盟领域、产业集群领域和产学研网络领域等主流研究方向，并取得显著研究成果。而供应商在制造企业技术创新中所扮演的角色越来越重要，但现有的直接针对以制造企业为主导的供应商网络治理机制的研究并不多见，依托于供应商网络的技术创新活动是未来的研究热点。

2. 已有研究对影响供应商网络中不同治理机制选择的重要因素缺乏研究

现有研究对治理机制的内在运行机理主要集中于不同机制的分类和机制间的交互作用，把网络治理机制分为正式治理机制和非正式治理机制，在网络治理过程中，不同治理机制之间存在替代或互补的交互作用，为网络治理机制的研究奠定重要基础。然而对影响供应商网络中不同治理机制选择的重要因素缺乏研究，在这方面的研究大多停留在理论分析层面，缺乏针对我国制造企业的大规模样本调查的实证研究，难以为供应商网络顺利运行提供理论指导。

3. 学者开始关注供应商网络对技术创新活动的影响研究

由于技术创新已经由传统的封闭式创新转变到开放式创新，其运行的组织形式也从企业内部独立研发转变为企业间的紧密合作，网络促进技术创新的作用在现有文献也多有涉及，已有研究关注有效网络组织在技术创新中发挥的重要作用。供应商参与技术创新研究的兴起使得学者开始注意到供应商网络在技术创新中所扮演的角色，供应商网络有效治理对于创新活动的重要性开始被关注。然而现有的关于供应商网络治理机制对技术创新活动的影响研究零星散落在相关文献中，研究的系统性与针对性不强，缺乏对其提升机理的系统把握，导致对利用供应商网络提升技术创新活动的内在规律缺乏了解。

第三章 供应商网络治理机制、前因及技术创新性关系的理论分析

第一节 分析框架

构型理论在组织管理领域被广泛应用。构型理论研究要素间如何有效组合，组织绩效的好坏取决于组织在特定战略下是否采取了最有效的结构形态及其各维度特征。组织能有效运行是因为组织能根据自身的结构、流程和管理方式等属性的不同，将组织各属性有效组合，通过与环境和战略各要素的相互匹配，产生适宜的组织构型。Meyer等（1993）指出，组织各种属性如何配置或组合主要取决于结构、环境和战略各要素之间的相互依赖性。构型理论的核心假设是组织中同时存在概念和特性上有所不同的各种组织分析构面，包括环境、产业、战略、结构、文化和意识形态等，并认为通过组织构型的不同类型区分的方法能够更好地理解组织真实情况。Oerlemans 和 Knoben（2010）认为，构型就是组织内各要素以特定主题相互结合在一起形成某种有序的结构形态。在组织理论中，构型理论是权变理论的延伸，强调每一种企业战略条件下能达到高绩效的要素组合形态并非唯一，但组织内存在达到理想高绩效的元素组织特性组合所构成的整体形态，能使组织有效达成战略目标。梁巧转等（2012）认为，构建组织属性间匹配的结构设计是选择并管理各种与组织结构和组织文化相关的要素，以便于企业更好地控制组织达成其战略目标的过程。要素间通过互动形成整体秩序，并以整体的形式产生作用而不能割裂。因此，构型理论强调研究中需

要根据不同的组织情境，选定每个情境中适配的理想形态，主张以理想形态来探讨组织运行，通过分类来解释复杂的组织现象，强调组织的多重构面与复杂因果关系，共同决定组织绩效。构型理论的本质是整体性和内部一致性，强调组织就是一些性质不同但同时发生要素的有效组合。构型理论类似于化学领域的同素异形体概念，同素异形体是指同一元素由于排列方式不同造成物理性质与化学性质具有差异性。例如，石墨和金刚石同样都是以碳原子为基本元素，其中，石墨是易导电的柔软片状固体，被大量用作润滑剂、电极和铅笔等，而金刚石是目前已知自然界中硬度最大的无色透明晶体，硬度和熔点均大大高于石墨，常用于精密元件、地质勘探和饰品等。由此可以看出，碳原子不同的结构形态构成两种截然不同的物质。

  学者开始将构型理论运用到组织间网络治理中，将网络简化并分类。随着构型理论研究的深入，构型理论开始引用到供应链管理领域中，传统的供应链管理研究采用二元关系视角，只关注买方—供应商两个节点及其联结，而忽视网络节点间关系的不同所形成的网络结构对创新绩效或竞争优势的影响。在二元关系中隐含一个假设，主导企业所组建的网络成员具有同质性，这些连接的内容和本质也是同质的。然而这与实现情况不符，不同网络成员所拥有的资源和知识具有明显不同，网络成员间的关系强度和网络位置不同也影响资源和知识的流动（Oerlemans et al.，2013）。Pittaway等（2004）采用核心参与者或者构建（orchestrated）网络观点，指出治理形态作为构型的一种状态，各要素形成复杂的治理结构形态和治理关系形态，其关注各要素之间如何组合和联系，网络治理目的是建构网络并促进网络运行有利于战略目标的实现。情境理论强调其关键是企业的环境、技术和结构等属性的差异会产生不同的最适宜网络治理的组织构型（Hoffmann，2007）。不同类型的网络所需要的信息和知识有很大差异，能产生最优创新绩效的网络治理构型也存在差异。因此，构型理论提出可以有效将网络治理系统简化分类，由此获取网络的组织特点和组织形态，进而更加全面地反映供

第三章 供应商网络治理机制、前因及技术创新性关系的理论分析

应商网络是如何有效地被组织运行。本书认为网络治理是在网络成员共同愿景基础上，由网络参与企业形成的节点和节点间的直接和间接关系组成，通过网络的位置和协调结构的构建来管理组织间成员的关系（Corsaro et al., 2012）。基于构型理论，网络治理通过网络治理机制来影响供应商网络形态，进而形成网络功能效益。

构型理论运用于供应商网络治理研究，强调企业与外部合作伙伴的网络关系是组织特性，各种外部合作伙伴之间关系具有相互依赖性，而供应商网络是主导企业利用开放式创新组织方式来实现企业技术创新性的提升。供应商网络一般是围绕一个产品或服务的价值链组建，是由制造企业与供应商经过长期演化而形成的深入合作的网络结构（Ojala and Hallikas, 2006）。供应商网络的组织构型是由一个主导企业指导形成的松散且具有弹性的联盟，主导企业的主要工作是发展和管理这个联盟、协调财务和技术资源、定义并管理核心能力和战略、与客户发展关系、管理信息资源并稳固这个网络组织。供应商网络不仅包含制造企业与一系列的供应商的纵向关系，同时还包含供应商之间的横向关系。供应商网络是由制造企业与通过合同、产品和服务的采购等方式进行直接管理和间接管理的供应商所结成的网络。Dyer和singh（1998）强调了解供应商网络的竞争优势来源越来越重要，并指出四个组织之间竞争优势的潜在来源，分别是具有专属性的关系资产、知识分享惯例、资源和能力的互补和有效的治理。主导企业的网络管理能力对于供应链整合具有重要的影响。制造企业组建供应商网络面临的一个重大挑战是如何有效消除机会主义行为来维持组织间的网络效力。制造企业是否拥有良好的网络治理能力，取决于如何针对其所嵌入的网络，设计适宜的治理机制和供应商网络形态，来排除或降低阻碍组织间资源流动的因素。结合情境理论，企业的环境、技术和结构等属性差异，需要与不同的网络治理构型相匹配。因此，制造企业配置和管理网络来获取和转移网络知识成员的关键创新所需的知识，确保企业在创新活动的竞争优势。

网络治理的实质是治理机制的选择和组织间的协调过程。从构

型理论来说，组织间网络治理强调组织内部结构和网络成员间的关系变化是因为组织间存在各种不同关系与制度的安排，即网络治理改变组织间的相互依赖性和互动模式进而形成稳定关系。因此，制造企业作为主导企业要针对不同前置属性，设计相对应的有效的网络治理机制，来适配这些前置属性的供应商网络形态，从而实现良好的网络产出。供应商网络治理是指主导企业如何安排和设计网络间关系，构建适宜的供应商网络形态和网络治理机制组合，通过所有权的配置（以决定利益分配和风险承担）、权威配置（以决定控制权的归属），以及激励机制设计（以降低目标不一致的风险或损失）等要素，来避免事前、事中、事后损失，从而实现网络功能效益产出。供应商网络治理的作用机理模型如图3-1所示。

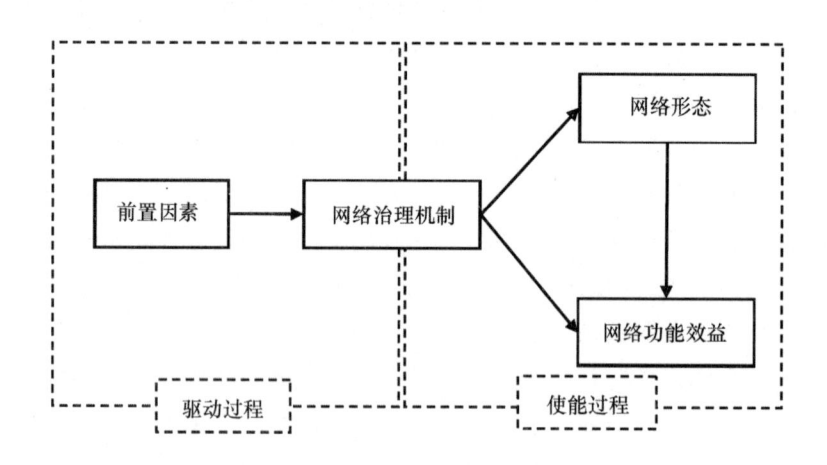

图3-1 供应商网络治理的作用机理模型

第二节 供应商网络治理机制的前置因素作用研究

供应商网络的重要功能就是为制造企业和供应商之间搭建一个知识传播和知识共享的平台，提供新颖和广泛的信息，使得来自于不同企业的知识可以跨越时空进行整合，有效弥补制造企业本身知

第三章 供应商网络治理机制、前因及技术创新性关系的理论分析

识的不足，同时通过供应商网络来交换企业彼此的知识和技术，这种异质又互补的资源促进企业间知识扩散和知识流动。当技术知识从一个企业传播到另一个企业时，为网络不同成员之间的互动交流和新技术知识的产生提供有利机会，促进技术知识的相互碰撞，进而激发企业技术知识的创造。因此，供应商网络可有效促进网络成员间的知识共享、知识流动和知识创造。

然而在实践中许多企业组建的供应商网络常常不能达到既定目标，不能真正获取这种供应商整合所带来的潜在收益。究其原因，其一是供应商参与有风险。供应商参与也会带来很多问题，并不是所有供应商都能参与到技术创新活动中来，供应商参与需要成本、时间和精力（李随成等，2014）。其二是技术创新所组建的组织间网络是一个复杂、动态的网络，包括供应商之间的水平关系和制造企业与供应商之间的垂直关系。这样复杂的网络结构需要制造企业协调网络成员间冲突，从而促进组织间关系的持续性。由于合作伙伴间的技术能力差异和对合作目标的预期不相同，使得合作期间不确定性增加，更加紧密的供应商关系要求企业投入较高水平的关系专用资产，这种嵌入会形成交易困境。其三是让供应商参与技术创新还有可能存在一些潜在风险，包括知识产权保护问题、核心技术的扩散和内部资料泄露等。供应商参与伴随着高度不确定性、技术的复杂性和较长时间的开发周期，这使得供应商参与管理难度增加。网络有效治理可以促进网络组织间沟通顺畅和信息共享，并在交易活动过程中形成信任和制约关系有效解决搭便车现象，有助于资源共享和共同知识的创造。由于网络间成员长期合作，因而有意愿进行相互之间专用资产投入，建立高度信任和共享规范行为，以及集体监督和制裁机制的实行，有效减少组织间的机会主义行为。Dyer 和 Hatch（2006）强调治理在组织创新中发挥重要作用，治理机制能提供一种保护使得制造企业和供应商之间能进行有价值的知识的共享和思维风暴。与此同时，正如 Caniëls 和 Gelderman（2010）指出的，现有研究过分强调单个治理机制的作用，在现实运行中，单一的治理机制并不常见，企业往往利用治理机制的混合

使用来有效减少机会主义行为，进而维护、协调和适应资源交换。因此，制造企业有必要通过有效治理来实现参与者资源最优组合和避免机会主义行为。基于理论基础和文献综述分析，供应商网络的治理是一种混合形式的治理方式。供应商网络治理有多种治理机制，在供应商参与情境下，由于制造企业与供应商之间有一部分以股权为基础的战略联盟关系，网络间具有复杂产品系统的组织特征，为了保证契约的有效执行，控制机制不仅包括事前的契约治理，也包括事后的权威治理。将其治理机制分为三个基本形式：权威治理、契约治理和规范治理。权威治理主要依赖权威和规则来管理，网络中有专门组织负责监督，通过制定严密的权利义务、具体的绩效目标以及考核方法来约束网络成员间的行为，以便促进战略目标的实现。契约治理主要是依赖外部力量来管理，通过成文的契约协议来影响行为，合作双方彼此间有其他的选择替代，且存在交易价格，并以此价格为基础来进行绩效评估和奖励。而规范治理是以信任为基础，由主导企业和其网络成员之间形成共识，并有相应的沟通协调运行机制。在供应商网络实际运行中，这三种不同的治理机制常会发生两两搭配的混合情况，而且正式治理机制和非正式治理机制之间并不全是替代关系，也有可能存在互补关系。此外，在网络成员的关系管理上，主导企业将面临诸多不同类型的供应商，常需要根据双方交易关系而运行不同的治理机制。因此，制造企业组建供应商网络面临一个重大挑战是如何匹配它们所面临的治理问题来有效消除机会主义行为。与此同时，单独讨论单个治理机制对于供应商网络是有用的但是却很少有现实意义，治理机制的混合使用如何作用于供应商网络有必要进行深入分析。

近年来的国外研究（Caniëls and Gelderman，2010；Teimoury et al.，2010；Wang et al.，2008）表明，组织间网络能否高效运营，网络效应能否充分发挥，直接取决于主导企业的网络治理机制是否到位。治理机制主要是指治理有限理性、资产专用性和不确定性所带来的交易困境，防止供应商的机会主义行为和搭便车现象发生所提供的正式和非正式的制度安排和规范。治理机制就是为保证网络

第三章 供应商网络治理机制、前因及技术创新性关系的理论分析

有效运行，而在治理过程中采用的各种治理手段和方法的集合，目的是为解决网络成员间合作协调等组织间治理问题。治理机制的有效运行能降低技术创新的失败率和网络成员间的交易费用，进而提高供应商参与的主动性。与此同时，Kumar等（2011）指出虽然已有学者对治理机制运行作用进行较多实证研究，然而目前学术界对于如何选择适宜的治理机制缺乏研究。Williamson（2008）、Jones等（1997）和Heide（2003）都强调网络治理机制选择需要匹配其所面临的治理问题，根据特定任务情境所产生的问题，设计相对应的有效秩序和可运作的安排，来促进组织间资源的自由流动和整合，从而实现共同的战略目标。另外，在不同国家，不同经济环境和文化条件下，影响治理机制的前置因素也存在差异，因此有必要考虑中国情境下治理机制选择的前置因素（李随成等，2014）。而在国内，学者对于相关问题的研究集中于特定情境下治理机制所能发挥的作用，例如：王龙伟等（2011）研究契约治理和信任两种治理机制在合作研发与创新绩效之间的调节作用，通过实证研究显示契约治理在合作研发和创新绩效关系中起倒U形的调节作用，而信任在合作研发和创新绩效关系中起正向调节作用；杨锐等（2011）以电子设备产业链为例，阐述垂直网络组织治理机制的具体运行；白鸥和刘洋（2012）理论综述社会网络理论、交易费用理论和知识基础观三种理论视角在服务业创新网络的治理机制设计对知识促进、控制外溢和挖掘创新潜力的作用机理；刘雪梅（2012）探讨治理机制对联盟组合的价值创造的影响，强调焦点企业为实现联盟组合战略目标要有相对应完善的治理机制做保障，并详细阐述交易治理、关系治理和知识治理在这当中的作用机理。然而目前国内鲜有对治理机制前置因素的研究，就供应商网络治理的研究而言，尚未发现对治理机制前置因素进行实证研究的文献。因此，考虑中国特定情境下基于供应商参与技术所组建的供应商网络适宜采用哪种治理机制的研究，有利于制造企业更好地管理组织间网络。

表3-1 基于交易费用理论视角的治理机制前置因素相关研究

相关文献 \ 前置因素	不确定性			资产专用性		交易复杂性				
	信息不对称性	评估绩效不确定性	需求不确定性	环境不确定性	人力资源专用性	非通用资产投入	相互依赖性	产品属性	任务复杂性	采购规模	交易频率
Milgrom 和 Roberts（1986）	★					★					★
Jones 等（1997）			★			★			★		★
Cai 等（2009）							★				
Heide（2003）	★		★			★		★	★		
Ryu 等（2007）							★				
Hoetker 和 Mellewigt（2009）						★					
肖静华和谢康（2010）		★									
韩炜等（2014）						★		★	★		

注：根据相关文献整理。

针对治理机制的前置因素研究（见表3-1），Williamson（2008）指出最基本的治理机制问题就表现为如何在可感知的风险下有效防止机会主义行为，并以最低的交易费用来管理交易的效率。Williamson（1991）最早指出企业和市场之间存在网络混合组织，网络是介于制造企业内部自己生产或从外部市场购买产品之间的中间组织，与其相对应的治理机制是一种混合形式，不同治理机

第三章 供应商网络治理机制、前因及技术创新性关系的理论分析

制的选择需要评估在有限理性、不确定性和交易资产专用性情境下如何用最低的交易费用促使交易合作有效性。交易费用理论被认为是治理机制研究的理论基础,然而 Williamson 对治理机制的研究沿用公司治理模式的思维,并没有从网络组织的交易特征来探讨治理机制选择。Milgrom 和 Roberts (1986) 确定五种治理前置因素会影响信息不对称和机会主义行为,分别是评估绩效的不确定性、交易的频率、专用资产投入、任务的复杂性和相互依赖性。指出网络治理形式的效率大大高于企业和市场这两种传统的组织形式,并提出网络治理的一般分析框架,强调需求不确定性、任务复杂性、人力资源专用性和交易频率四个交易情境因素影响网络组织间的结构嵌入进而影响社会机制的使用。Jones 等 (1997) 作为网络治理经典文献,其有效结合交易费用理论和社会网络理论,强调网络治理需要把四个交易情境因素和不同社会机制同时考虑。Heide (2003) 强调网络治理是一个多维度情境依赖的构念,从工业采购的具体情境实证检验信息不对称性、环境不确定性、专用资产投入、产品属性、采购规模五个前置因素对于混合治理机制的选择的影响。Ryu 等 (2007) 探讨组织间治理中买方依赖和供应商依赖对治理机制选择的影响,通过理论演绎得出在买方和供应商双方高相互依赖情况下,组织间治理倾向于监控和信息共享,而在供应商依赖低的情况下,组织间治理倾向于监控。Cai 等 (2009) 通过实证研究探讨相互依赖性对正式契约、共同解决问题、联合计划和合作沟通四个买方和供应商关系的治理机制影响。研究结果显示,正式契约、联合计划和合作沟通积极影响供应商绩效,而联合解决问题和合作沟通显著增强买方对双方关系的承诺。Hoetker 和 Mellewigt (2009) 通过对德国通信行业的实证研究发现,最优的正式治理机制和规范治理组合依赖于企业间的不同类型资产专用性,正式治理机制更适于以产权为主的组织间网络,而规范治理更适合以知识为主的组织间网络。De Reuver 和 Bouwman (2012) 通过对现有文献的分析显示契约、规范和权威三种治理机制同时出现在服务创新网络,然而现有研究并没有关注不同阶段对治理机制选择的影响,通过对荷兰

移动通信行业的实证研究研发阶段、推行阶段和商业化阶段对治理机制选择的影响。国内学者鲜有对治理机制前置因素的研究，仅见肖静华和谢康（2010）运用博弈分析方法探讨环境不确定性对供应链信息系统中不同治理机制选择的影响。韩炜等（2014）结合中国特定创业情境，通过交易对象隶属性、关系专用性资产和新进入缺陷三个前置因素对创业网络治理机制选择的影响进行多案例研究。梅姝娥和谢刚（2013）研究外包商组织内部的业务与IT关系对IT外包关系的治理机制作用机理。

因此，对于治理机制的前置因素研究，学术界以交易费用理论为基础，认为不同的治理结构具有不同的成本和优势，强调应该与交易的属性相匹配。从交易费用理论视角出发，经济化是治理机制设计的基础，而治理机制的目的就是在经济化目标下，解决跨组织间的各种交易和生产问题，以促成组织间互动。交易费用理论是一种比较性的制度分析，关心的是在不同交易属性下，选择最适宜的治理模式，使得交易费用最小化。因而交易费用理论能解释特定交易为何选择自制或外部的决策（即市场和阶层治理模式），而交易费用理论在市场和企业内部之外，加入混合治理模式来探讨组织间关系管理。混合治理模式是在企业不进行自制的情况下，在双方交易关系中加入各种治理机制以降低交易费用。基于上文对现有文献的分析，治理机制主要有不确定性、资产专用性、交易复杂性三个前置因素。治理机制的选择是为了匹配它们所面临的治理问题，组织需根据特定任务情境所产生的治理问题设计出相对应的解决措施以顺利完成任务目标。而供应商网络是制造企业让供应商参与技术创新所采用的一种开放式创新的组织方式，根据前面构型理论的分析，需要针对供应商网络特定情境的不同前置属性来设计相对应的治理机制。适宜的治理机制的设计，能协调彼此间因有限理性所造成的认知错误，强化彼此之间的目标一致性，防止合作伙伴因行为不确定性所造成的投机风险，突破组织间信息和知识流共享障碍，提升网络成员间的组织学习和知识创造，进而有利于网络价值创造。

第三章 供应商网络治理机制、前因及技术创新性关系的理论分析

在供应商网络中，技术新颖性是技术创新最为重要的特征，技术新颖性决定新产品开发过程中技术的不确定性，越高的技术新颖性越需要高效地获取外部技术知识来扩大企业现有的技术知识库，激励其立足自身技术知识基础，通过组织内部吸收和转化，将获得的新技术知识沿着特定方向融入企业既有的技术知识架构中，从而有助于在技术知识维度上生成新的技术知识簇。技术的不确定性使得无法事先预期未来各种情况变化，有可能造成事后偶发事件的不确定性。这就越需要制造企业和供应商一起识别并解决新产品开发过程中存在的潜在技术问题。这一过程实现必须建立在制造企业与供应商进行关键信息分享的基础上，这些关键信息促进知识升级和组织间关键问题的解决（Zhang and Zhou，2013）。产品模块化是在产品功能系统分解后，预设升级和替代的可能性，以求获取升级、取代或是加入新功能的效果。产品模块化提供重复单元的产品，能有效降低大规模定制的整体成本，从而形成最佳的弹性，增进企业的专业化水平、允许更大且跨产品的组件替代、促进产品多样性和产品创新。产品模块化确保供应商网络能根据产品组件的功能，将产品分割成相互独立并且具有规范接口的模块，这就意味着产品单一模块的变化并不会引起其他产品模块的改变（程文、张建华，2013）。产品模块化使得供应商可以侧重于各自模块独立进行具体设计和测试工作，而无须与其他供应商进行相互协调。因此，产品模块化能够高效地控制新产品的上市进程，缩短开发周期，从而提升技术创新效率（Lau et al.，2007）。为了更好地获取竞争优势，制造企业开始从战略层面上与供应商建立更为紧密的合作关系来实现与供应商之间的互惠互利。制造企业开始更多地采用长期导向关系行为，促使制造企业与上游供应商从简单的市场交易关系转变成战略伙伴关系，其中制造企业对供应商进行资产专用性投入在实践中最为普遍。资产专用性是指当需要对某一特定的交易活动进行投资时，因为该投资的资产缺乏市场流通性，一旦合作终止时必须承担庞大的成本，因而进行资产专用性投入的一方会担心交易对方的机会主义行为的产生，引发监督机会主义行为的交易费用和设置保

护的费用也随之增加。资产专用性投入会形成组织间依赖，有可能导致供应商对具有依赖性的买方提供非善意的价格。为更好地促进技术创新，制造企业往往通过有效治理降低资产专用性投入带来的嵌入风险（Pil and Cohen，2006）。

本书关注的焦点是制造企业主导供应商参与技术创新所组建的供应商网络的治理机制选择研究。技术创新的不确定性决定因素是技术新颖性，而产品模块化决定技术创新的交易复杂性。基于此，本书选取供应商网络中技术新颖性、产品模块化、资产专用性三个前置因素，并探讨各自与治理机制选择之间的影响关系。

第三节　供应商网络治理机制对企业技术创新性的作用研究

技术创新性其本质是一个技术学习的过程，制造企业需要对内外知识进行浏览、选择、获取、吸收和创造。企业仅仅获取来自外部的新技术知识并不能代表对技术的充分掌握，只有将这些新技术知识成功地在企业内部传播，充分吸收和消化至企业内部，并与企业现有的技术知识相互整合，转化为企业自身的技术知识并利用其进行新产品的开发等技术创新活动，才能提升企业的技术创新性（Thomas et al.，2011）。从知识基础理论视角看，知识共享促进企业间和企业内部的技术知识转移，由此可以产生新的技术知识以建立持续的竞争优势。而技术知识获取是技术知识转移必不可少的环节。高效地获取外部技术知识会扩大企业现有的技术知识库，激励其立足自身技术知识基础，通过组织内部吸收和转化，将获得的新技术知识沿着特定方向融入企业既有的技术知识架构中，从而有助于在技术知识维度上生成新的技术知识簇。这些技术知识簇会催生复杂、隐性程度高和不易被模仿的技术诀窍，因此网络通过内部知识传播，还能够使制造企业系统总结自身所掌握的技术知识并加强对源自供应商技术知识的吸收和消化，对现有技术知识结构进行深化和重构，创造出更多新技术知识，给企业带来突破原有技术模式和技术轨道的契机，从而有利于技术创新。其创新关键在于需要企业间形成网络并通过合作网络获取其他企业的新知识和技能，识别与融合相关技术，把外部的知识集成到技术创新中，进而获得更多的创新和更好的绩效（Iacono et al.，2012）。

技术创新性可以让一个企业有机会成长和拓展到新的领域，并在市场中取得立足机会，使企业建立竞争优势位置。随着供应商网络的形成，依托于供应商的网络技术创新活动也正成为学术研究的热点话题。与此同时，制造企业的技术创新性面临着高风险和难以管理的挑战。由于制造企业的产品具有复杂产品系统的特点，技术创新活动极少由单个企业独立完成（Cheng and Chang，2013）。突破性技术的复杂性，使得产品设计不稳定、市场风险性大，供应商早期参与技术创新可以有效减少技术创新时间、降低技术失败率和成本，提高创新绩效，制造企业纷纷将精力和资源集中于自身的核心专长，通过供应链整合，与上游供应商一起进行产品的研发设计、技术创新活动、产品生产制造、产品组装和物流运输已成为制造企业赢得竞争优势的重要途径。供应商网络被认为是制造企业获取竞争优势的重要来源。由此，实践和学术界开始认识到买方—供应商关系是联合价值创新的重要手段（Eltantawy et al.，2009）。最为典型的是汽车制造行业，汽车制造企业现阶段从整车开发到制造责任都转移到整合模块供应商。为了集中优势在核心竞争力上，汽车制造企业严重依赖供应商所提供的技术支持，有些汽车内部零件的80%来源于供应商。现阶段，丰田、尼桑、沃尔沃等大型制造企业纷纷通过整合上游供应商组建联盟体系（Keiretsu）这一组织形式。它是制造企业主导的一种联系密切的供应商网络，可以让制造企业和供应商一起不断学习、不断改进、共同成长。目前，制造企业日益依靠上游供应商来降低成本、提高质量，以及在开发新工艺、新产品上超过竞争对手（Clau，2012）。制造企业通过日益重视供应商网络管理的实践，大大降低交易费用、节省管理费用和提高技术创新绩效等方面的利益。

作为外部合作的供应商能提供复杂产品系统开发所需的广泛知

识和技能，供应商的专业优势和技术专长可以直接给企业提供自身不具备的技术知识。利用供应商创新来直接提升制造企业技术创新性具有更强的竞争优势。制造企业技术创新性可以直接来自于嵌入在供应商的零部件（子系统或服务）的创新，即利用供应商的资源、知识、专业技术、创新成果来改进制造企业产品与工艺创新的过程，从而有利于企业的产品与技术创新。供应商创新在很大程度上决定技术创新的效率，制造企业利用供应商的技术和能力，可以有效避免不必要的重复设计，缩短技术创新周期，降低技术创新风险，从而提供更符合客户需求的创新产品来保持企业的竞争优势。供应商创新作为制造企业的价值来源，利用供应商的知识和技能为制造企业提供技术创新的创新方式和解决思路。因此，与关键供应商合作并组建供应商网络是企业技术创新过程中跨组织知识集成的重要手段。然而制造企业直接利用供应商创新是有难度的，其涉及组织间的知识流动和知识获取，知识获取转化需要组织间形成一个知识共享的平台使得组织间能通过互相都理解的编码去沟通和交流。知识嵌入在供应商网络中不易被获取，必须建立在信任和相互依赖的长期导向关系基础上。而知识流动必须在特定背景下交流和学习，供应商网络实现制造企业与供应商更为紧密长期的关系，使得供应商不仅把制造企业当成一个普通买家，而且给予制造企业优先客户地位，供应商也有意愿去支持技术创新和工艺改进（Schiele et al. ,2011）。供应商网络是开放式创新的一种组织形式，要求制造企业、制造企业的供应商，以及供应商的上游供应商之间实现信息共享。通过联合解决问题，制造企业和其战略供应商能够在技术创新过程中识别并及时处理潜在问题，从而促进企业间信息的集成和隐性知识在制造企业与供应商之间的流动。

  供应商参与技术创新会给企业带来利益，然而与此同时其也存在极大的风险。企业从外部获取知识的关键是搜寻和确定新知识、转移并吸收与重新诠释新知识。前者需要企业自身对新知识的辨识能力，后者涉及知识的接收方和供给方的能力和意愿。二者在具有阶层结构的企业内部较易执行，但在松散耦合的网络中，执行起来

第三章 供应商网络治理机制、前因及技术创新性关系的理论分析

较为复杂。在此过程中,组织间有效的知识流动取决于制造企业和供应商之间是否形成强而紧密的长期导向关系。一些研究也显示,供应商参与创新并不能像相关理论所预计的那样能顺利转化为企业竞争优势,在具体实施过程中还存在很大风险性。Littler 等(1998)与 Song 和 Thieme(2009)都认为供应商参与影响较低甚至导致成本的上升和开发延迟。Leonard(1997)的实证研究结果表明,平均每 100 个能通过开发初期的让供应商参与模糊前端阶段的突破性技术创新项目,最终在市场上获得成功的仅有 13 个。Koufteros 等(2005)甚至还提出供应商参与不仅增加企业间的协调难度和成本,延长技术创新周期,还降低技术创新效率,并最终导致企业突破性创新能力的降低。

究其原因,供应商参与技术创新是企业技术创新从封闭式创新到开放式创新的转变,这一转变也给制造企业的供应商管理提出挑战。封闭式创新中,企业的技术创新大多来自于内部研发中心,通过科研人员对基础科学或运用研究的努力,进而开发新技术、新产品或新服务。这种自给自足的创新体制在 20 世纪还相当有效,可以避免研发机密外泄,有效保持企业的创新优势。而在在科技飞速发展和技术更新换代频率越来越快的今天,技术不确定性高,创新具有复杂化、高成本和高风险的特征,企业不能再守旧于传统的封闭式创新,迫切需要企业从内部自行研发转化为开放式创新。许多技术都可以由市场取得,企业无须内部自行开发所有零部件,专业化分工使得企业通过外部获取技术成为更有效的创新机制。

供应商参与技术创新是开放式创新的一种组织形式,开放式创新是企业突破以往封闭的组织形式,通过战略性的资源整合,强化企业核心能力,加快创新速度,并有效将创新成果扩散到市场中。这一特征使得供应商参与技术创新比起传统封闭式创新的治理方式更加复杂。另外,供应商参与技术创新是一个知识密集性活动,要求制造企业、制造企业的供应商,以及供应商的上游供应商之间实现信息共享。这表明在环境不确定性和创新复杂性背景下,企业需要组织边界相互渗透来获取外部知识和技术,进而产生价值创新

(Felin and Zenger，2014）。组织间治理机制影响组织间的价值创新，开放式创新下企业的技术创新不仅要善于利用外部资源，引进技术、降低研发成本和有效缩短技术创新时间，而且要持开放的心态，积极调整组织形式来适应创新形式变化。

因此，制造企业通过组建供应商网络提升技术创新性的机理是通过治理机制的有效运行来影响网络组织间各种不同关系与制度的安排，改变组织间的相互依赖性和互动模式，通过创造和维持与供应商之间的紧密的合作伙伴关系，促进供应商创新性对其技术创新性转化和提升。从现有研究来看，缺乏对其提升机理的系统把握，导致对利用供应商网络提升技术创新性的内在规律缺乏了解，难以为供应商网络顺利运行提供理论指导。供应商网络有效治理不但是维持和协调网络稳定运行的关键，而且其对企业技术创新性的提升方面的研究可以更进一步认识网络运行的本质特性。因此，有必要理清供应商网络治理作用于技术创新性的提升的运行机理，探析网络治理的关键要素在网络运行中的差异化作用，并考察供应商网络治理机制是如何通过网络治理的关键要素对技术创新性产生的重要影响，尤其需要以我国制造企业供应商网络的现实存在为样本进行实证研究，弄清网络治理对技术创新性的驱动效应和作用路径，深入揭示技术创新性提升机理。

根据前文的构型理论分析，制造企业通过组建供应商网络提升技术创新性的机理是通过治理机制的有效运行来影响网络组织间各种不同关系与制度的安排，改变组织间的相互依赖性和互动模式，通过创造和维持与供应商之间的紧密的合作伙伴关系，促进供应商创新性对其技术创新性转化和提升的。而由于供应商网络一般是围绕一个产品或服务的价值链组建，是由制造商—供应商经过长期演化而形成的深入合作的网络结构，供应商网络是由主导企业与通过合同、产品和服务的采购等方式进行直接管理和间接管理的供应商所结成的网络，因而供应商网络不同于一般的网络组织，其网络形态也具有自身的特点。供应商网络形态是对供应商网络形式的描述，是供应商网络构成要素的特定安排和排列。供应商网络形态作

第三章 供应商网络治理机制、前因及技术创新性关系的理论分析

为供应商网络刻画的关键,其不但能够通过改变网络的物料流、知识流、信息流等资源影响网络资源配置效率,也能影响制造企业对战略供应商管理效果,代表供应商网络获取外部资源的能力、规模和质量。

供应商网络形态的研究最早源于 Choi 和 Krause（2006）对供应基的复杂性刻画,供应基缩减使得制造企业专注于少数有能力的创新型供应商,并与其建立长期导向的战略合作伙伴关系。供应商网络是主导企业协调和控制直接和间接相关的供应商的行为,进而使得供应商与供应商之间建立合作关系。因此,供应商网络作为特殊而具体的社会网络必然存在网络嵌入性。Kim 等（2011）指出,企业嵌入到网络中的相对位置有可能影响相互间的战略和行为,供应商网络的知识流动和知识共享受到其所在特定的网络结构和网络关系的影响。主导企业需要在不同的网络角色中具备不同的网络能力,例如,主导企业在网络中具有较高的中心性需要发展系统整合和产品创新构建的能力,而主导企业具有较高的桥联结需要加强供应链风险管理的能力。不同类型的供应商网络形态各具优势,嵌入性理论有助于更好分析供应商网络中存在的资源特性。Srai 和 Gregory（2008）指出,供应网络形态是引入战略管理概念整合供应网络操作属性来更好勾画网络具体情况。供应网络形态需要考虑网络内外部成员,网络形状和结构、垂直和水平整合程度、网络成员的关系和相互依赖性,单元操作（制造过程、组装、模块化、复杂性、柔性等）、产品提供（产品、售后技术支持和服务）和基础设施建设。其对这些因素分析提炼关键要素,认为可以通过四个基本因素来区别不同供应网络特性,包括：（1）网络结构、形状和位置（包含关键信息/物料流）；（2）关键单元操作和内部制造流程；（3）网络成员角色和关系；（4）产品结构和复杂性。主导企业需要根据特定的供应网络形态采用有针对性的网络管理来确保战略目标的完成。Zhang 等（2008）提出供应网络形态是有一系列特定要素的组合,包括网络结构、网络协调和控制机制、运营流程、网络成员关系和基础设备支持系统五个方面可以有效刻画网络形态。不

同供应网络形态需要不同的企业网络管理能力，主导企业可以通过有效调整及塑造不同的网络管理能力和网络形态的组合建立独特的竞争优势。李随成等（2013）强调供应商网络不同于一般创新网络的网络结构特征和网络形态，只有弄清供应商网络的具体运行机理才能有效利用供应商网络提升我国装备制造企业自主创新能力。基于嵌入性理论，从结构嵌入、关系嵌入、认知嵌入和规范嵌入四个层面，其中结构嵌入是企业所嵌入的位置与其相对应所构建的网络联结的形态。主导企业与网络其他成员联结数量越多，主导企业战略决策对网络结构影响越大；关系嵌入网络成员间建立紧密、频繁交互联系，体现成员之间的关系的战略重要性和复杂性；认知嵌入是指网络成员间形成共识的程度，主要包括目标一致性和文化等因素；规范嵌入是嵌入在网络中被网络成员所共同接受的价值观和规范。基于供应商网络形态构成进行理论分析，通过中国制造企业大样本调查得出供应商网络形态由网络结构、网络位置、组织之间关系、协调机制和认知一致性五个维度构成，为我国制造企业供应商网络形态的研究奠定可借鉴的测量工具，同时有利于制造企业主导供应商网络管理的深入研究。

基于现有研究，学者借助于社会网络理论和嵌入性理论来分析网络形态，本书也借助于这两个理论同时基于李随成等（2013）的研究，通过网络中心性、供应商弹性、供应商关系紧密度和网络惯例四个因素来刻画基于技术创新所组建的供应商网络形态。网络结构嵌入主要包含网络结构和网络位置，深入到基于技术创新所组建的供应商网络特定情境下研究发现，网络结构通过制造企业网络中心性体现，网络位置主要通过供应商弹性反映。其中，网络中心性是指制造企业通过与许多网络节点的联结占据网络中战略地位程度。企业在网络中与许多节点联结，有利于接近与控制所需资源、信息和知识，并成为知识流动的中介，位于网络的中心，有利于企业及时获取信息和技术。制造主导企业的网络中心性越高，则其所能获取的组织网络资源越多，其对网络内部其他成员的依赖性降低，通过所建立的资源优势可提升网络内部其他成员对其依赖性，

第三章 供应商网络治理机制、前因及技术创新性关系的理论分析

进而强化制造企业的谈判能力。供应商弹性是通过重塑供应基的有效性来响应外部环境变化的能力。由于制造企业往往拥有优势地位,他们倾向于把下游需求不确定性压力转嫁到上游供应商身上,并且有自信在供应商有成本和质量问题的情况下,快速替换供应商(Candace et al., 2011)。供应商弹性越大,企业与网络内外供应商的联系越多,网络结构越多元,企业在每个模块化中越能掌握供应商的相似性和差异性。这有助于当一个供应商不能满足订单数量或保证订单质量的时候,企业能及时选择其他供应商作为补充和替代。高度的供应商弹性有助于适应快速变动的环境,有利于满足提供客户要求的服务、处理特殊订单和无法预期事件的调适和回应变化能力。网络关系嵌入代表网络组织之间的关系,在供应商网络中主要体现为供应商关系紧密度。较高的供应商关系紧密度有利于制造企业与供应商之间、供应商与供应商之间建立较高水平的信任,有效减少沟通障碍,有利于知识的转移与共享。供应商关系紧密度会形成高度信任、承诺和相互之间开放式沟通的长期导向关系。供应商关系紧密度能有效减轻供应商对制造企业机会主义行为的恐惧,降低供应商网络成员关系中的模糊性和不确定性,从而不断提高制造企业的竞争能力。网络惯例能集中反映供应商网络的认知一致性和协调机制,网络惯例是网络成员对应内外部变化所采取的行为模式,网络惯例的形成是由于供应商网络中成员过去行为所得到的试错、选择、保留等学习和实践经验,使得网络成员间互动中建立规则和惯例程序(Park and Kang, 2013)。网络惯例指组织存在一个记忆模式,提供组织在不确定性情境下有基本的思考逻辑和行动指导。由于不同组织之间有着不同的组织记忆,其组织惯例也存在不同。不同组织之间对于特定问题会有不同的理解和行动反应。在组织间知识共享和信息交换过程中,网络成员间的互动经常存在认知失灵。通过组织间互动式的学习、沟通、共同解决问题等方式,建立共同的网络组织记忆,来降低认知不一致所带来的负面影响。具体而言,供应商网络中要建立基本的网络供应知识并通过实际参与供应商网络活动积累知识和经验,主导企业要建立网络成员

在特定领域的知识和技术演进的共同理解，使得网络成员知识领域能相互联结，创造信息和知识的交叉使用条件，从而强化网络成员间知识的理解和运用的效率。

第四节　本章小结

运用构型理论构建网络治理的理论分析框架，在此基础上得出"前置因素—治理机制—供应商网络形态—网络功能效益"分析框架，分析框架不仅明确供应商网络治理的运行机理，也对合作技术创新过程中有效管理供应商提供指导依据。基于分析框架，分为对供应商网络治理机制的前置因素作用研究和供应商网络治理机制对企业技术创新性的作用研究进行理论分析，为第四章的概念模型与研究假设的提出奠定理论基础。

第四章 概念模型与研究假设

本章在第三章理论分析的基础上,首先构建概念模型,其次结合我国制造企业具体情境对所提出的概念模型提出相对应的研究假设。

第一节 概念模型的构建

制造企业组建供应商网络面临的一个重大挑战是如何有效消除机会主义行为来维持组织间网络效力。主导企业是否拥有良好的网络治理能力,取决于企业如何针对其组织所嵌入的网络,设计适宜的治理机制和供应商网络形态,来排除或降低阻碍组织间资源流动的因素。基于理论分析,组织间网络治理是指根据特定任务情境所产生的问题,设计相对应的有效秩序和可运作的安排,来促进组织间资源的自由流动和整合,从而实现共同的战略目标。具体而言,设计组织间有效的供应商网络有效治理目的在于治理有限理性、资产专用性和不确定性所带来的交易困境,防止供应商的机会主义行为和搭便车现象,排除或降低阻碍组织间信息和知识顺利流动的因素,促进组织间知识共享,从而实现网络的价值创新。因此,供应商网络有效治理是制造企业作为主导企业需要针对不同前置属性,设计相对应的有效的网络治理机制,来迎合或适配这些前置属性的供应商网络形态,从而实现良好的网络产出。

就供应商网络管理的研究而言,虽然已有学者对治理机制运行作用进行了较多的实证研究,然而目前学术界针对如何选择适宜的治理机制缺乏研究，尚未发现对治理机制前置因素进行实证研究的文献。基于此，本书以交易费用理论为基础，分析影响制造企业设计治理机制的前置因素与治理机制选择的关系，概念模型如图4-1所示。

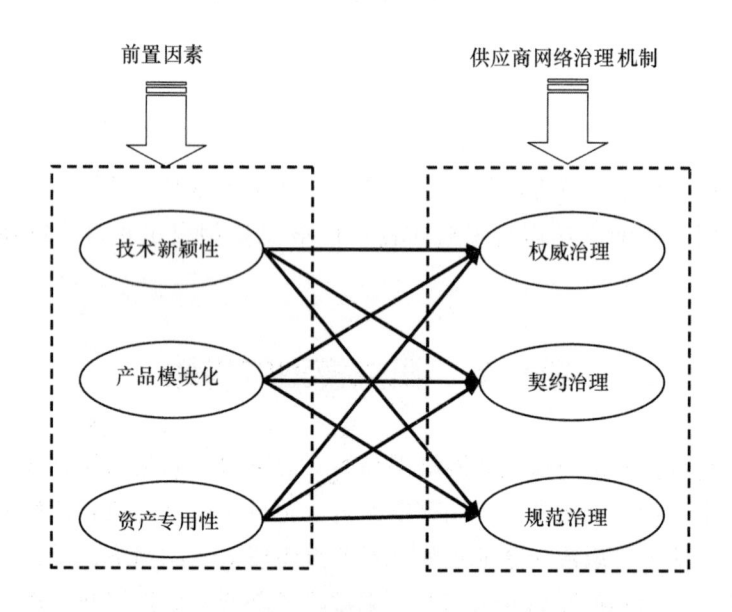

图4-1 供应商网络治理机制前置因素影响的概念模型

通过以往研究发现，技术创新性在很大程度上来自主导企业对供应商网络成员之间协调和控制活动的网络治理能力。主导企业对于供应商网络的治理能力取决于企业技术创新所嵌入的特定的供应商网络形态来选择匹配的治理机制。然而这方面的研究还较为缺乏，二者之间的内在逻辑关系需进一步探讨。基于此，本书探讨治理机制、供应商网络形态与技术创新性之间的作用机理，试图从理论上解释其内在逻辑，从而有利于制造企业关注供应商网络组建和管理中的关键环节，为提高企业创新绩效提供理论指导，概念模型如图4-2所示。

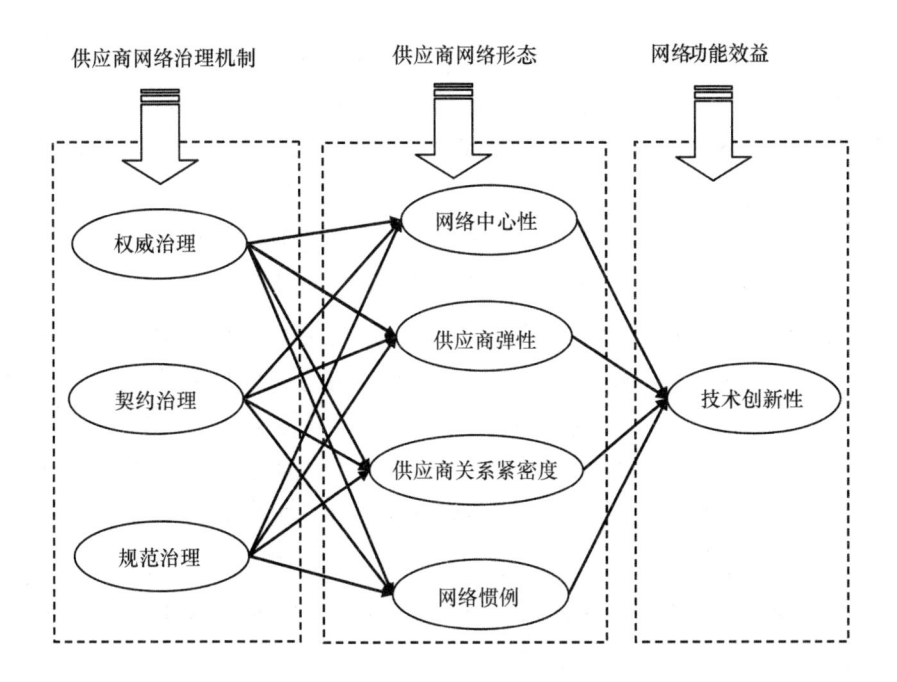

图 4-2 供应商网络治理机制对技术创新性影响的概念模型

第二节 理论假设的提出

一 供应商网络前置因素对治理机制的影响研究

（一）技术新颖性对供应商网络治理机制的影响

技术新颖性增加技术创新过程中的不确定性，仅仅通过企业内部获取知识对提升技术创新作用是极其有限的。越高的技术新颖性越需要高效地获取外部技术知识来扩大企业现有的技术知识库，激励其立足自身技术知识基础，通过组织内部吸收和转化，将获得的新技术知识沿着特定方向融入企业既有的技术知识架构中，从而有助于在技术知识维度上生成新的技术知识簇。这些技术知识簇会催生复杂、隐性程度高和不易被模仿的技术诀窍。因此，越高的技术新颖性，越需要企业广泛利用外部资源进行技术创新。在众多的外部来源中，供应商对特定技术认识甚至比制造企业更为深刻，供应商在制造企业技术创新中所扮演的角色越来越重要。供应商网络使得制造企业和供应商一起识别并解决技术创新过程中存在的潜在技术问题，并将供应商的反馈意见整合至产品设计、过程设计和生产制造中，有效减少技术创新时间、降低技术创新的失败率和成本，提高创新绩效。

供应商高效参与技术创新必须建立在制造企业与供应商进行关键信息分享的基础上，这些关键信息促进知识升级和组织间关键问题解决（Zhang and Zhou，2013）。在技术新颖性高的情况下，制造企业需要协调其与供应商、供应商与供应商之间的任务分配和目标协作，这也随之增加制造企业主导供应商网络中组织结构的复杂性。权威治理通过明确公开的权责配置，对组织成员在合作过程中的利益进行保障，同时通过制定制度化的冲突解决程序，保证网络成员在技术创新过程中出现冲突的情况下能有效做出协商或改变，从而有效促进成员间在相互依赖中进行合作。因此，技术新颖性越高，权威治理程度也随之增强。

由于组织间知识流动使得专业技术知识的保护变得困难，契约治理提供制造企业和供应商之间清晰的产权保护机制，即通过所有权的配置以决定利益分配和风险承担，以及通过激励机制设计来降低目标不一致的风险或损失（Shyam，2013）。在技术新颖性高的情况下，契约治理会促进清晰而确定的目标，有利于减少合作伙伴间的不确定性所带来的交易困境，防范合作伙伴的机会主义行为，确保交易的有效执行。网络成员在任务的执行过程中也能获得更多的自主性和独立性，使得组织间形成知识共享、学习导向和开放思维的氛围，进而降低技术创新风险（Tatikonda and Rosenthal，2000）。因此，技术新颖性越高，契约治理越重要。

技术新颖性越高，意味着制造企业和供应商之间越需要信息共享和交流（Parker et al.，2008）。目标一致性有利于提升组织间成员的共享意愿，促进供应链知识共享的行为与效果（冯长利等，2013）。制造企业建立以信任和承诺为基础的规范治理，它包含一系列隐含的原则和规范，依赖于社会化手段减少组织间成员目标的不一致性，有利于成员间的参与和沟通。规范治理有利于制造企业构建组织间成员知识共享的平台,维持制造企业—供应商之间长期导向关系(Afuah,2013)。组织间成员更有意愿来参与其他决策制定过程,从而合作双方都能关注潜在的问题,使得双方都能更好地解决彼此的不同而降低事后的协调成本。因此,技术新颖性越高,规范治理程度也随之增强。

基于此提出以下研究假设:

H1a:技术新颖性程度越高,供应商网络实施权威治理程度越高

H1b:技术新颖性程度越高,供应商网络实施契约治理程度越高

H1c:技术新颖性程度越高,供应商网络实施规范治理程度越高

(二)产品模块化对供应商网络治理机制的影响

根据产品组件的功能,将产品分割成相互独立并且具有规范接口的模块,这就意味着产品单一模块的变化并不会引起其他产品模块的改变(程文、张建华,2013)。产品模块化使得供应商可以侧重于各自模块独立进行具体设计和测试工作,而无须与其他供应商进行相互协调。因此,产品模块化能够高效地控制产品的上市进程,缩短开发周期,从而提升制造企业主导供应商网络技术创新效率(Lau et al.,2007)。

产品模块化改变技术创新过程中的管理方式和组织结构,增加供应商网络的复杂性。制造企业需要协调其与供应商、供应商与供应商之间的任务分配和目标协作,随之相应地需要一方能够拥有对另一方活动控制的权力,制造企业使用权威治理可以有效地控制关键资源的流动。权威治理通过权力和正式决策流程来使得供应商网络成员遵守相应的规则和相关要求来实现既定目标。因此,产品模块化程度越高,权威治理程度也需要随之加强。

当产品模块之间接口被很好地设计并标准化时,信息得到有效共享,制造企业和供应商可以并行各产品模块的自主设计,从而提高技术创新效率(Danese and Filippini,2010)。产品模块化使得各

个模块更为独立,意味着模块的供应商的竞争更为激烈,较高的供应商网络中的成员进出频率也会产生一系列不确定性,这不利于供应商网络的稳定性和创新产出。因此,合作双方清晰明确的职责界定促进网络成员制定清晰而明确的目标对于供应商网络管理至关重要。契约治理通过对供应商网络成员清晰明确的职责界定和缜密明晰的契约签订减少制造企业和供应商行为的不确定性,提高供应商网络的沟通协作效率。因此,产品模块化程度越高,契约治理程度也需要随之加强。

产品模块化作为战略手段也增加制造企业管理供应商的难度。产品的模块化程度越高,加入到供应商网络的供应商数量也随之增加,制造企业越需要提高供应商管理的效率(Lau et al.,2010)。规范治理建立健全信息共享和双向交流机制,使得网络成员间构建跨组织的学习型文化和营造良好的合作氛围,从而促进成员之间信息共享和知识流动。与此同时,规范治理依赖于社会化手段来有效减少组织间成员目标的不一致性,更好协调组织间的各个关系,从而有利于成员间的参与和沟通,组织间成员更有意愿来参与其他决策制定过程,从而合作双方都能关注潜在的问题,使双方都能更好地解决彼此的不同而有效防止事后的协调危害。因此,制造企业的规范治理程度也需要随之加强。

基于此提出以下研究假设:

H2a:产品模块化程度越高,供应商网络实施权威治理程度越高

H2b:产品模块化程度越高,供应商网络实施契约治理程度越高

H2c:产品模块化程度越高,供应商网络实施规范治理程度越高

(三)资产专用性对供应商网络治理机制的影响

为了更好地获取竞争优势,制造企业开始从战略层面上与供应商建立更为紧密的合作关系来实现与供应商之间的互惠互利。制造企业开始更多地采用长期导向关系行为,促使制造企业与上游供应

商从简单的市场交易关系转变成战略伙伴关系。其中制造企业对供应商进行资产专用性投入在实践中最为普遍,供应商常缺乏隐性知识和改进自身能力的知识,且无法改进自身能力,通过制造企业的帮助和支持,包括人员派遣、培训等方式,可以有效解决制造商—供应商知识流动过程中所遇到的隐性知识难以编码、沟通交流的问题,促进隐性知识流动,使得供应商受益(Athaide and Klink,2009)。同时,资产专用性投入也能提高制造企业对特定领域的认知能力,通过组织学习降低制造企业和供应商彼此沟通和协调障碍(Dyer and Hatch,2004)。因此,制造企业对供应商进行资产专用性投入可增强制造商与供应商的相互理解,使得供应商更好地理解制造企业的意图。与此同时,制造企业也可以有效确定供应商存在的具体问题和不足,并通过有效沟通,在双方认可的情况下对供应商下一步绩效和能力的改进提出相应措施。

制造企业要保证供应商网络成员在组织间互动中利益不被侵占,同时鼓励供应商对制造企业主导的供应商网络进行额外投入。这需要制造企业对供应商发出可信任承诺信号,制造企业的专用资产投入有利于建立成果共享的互动情境,使得网络在相互制约的氛围下增加网络成员间的互动,降低不必要的监控成本。制造企业对供应商进行资产专用性投入为制造商与供应商提供更多相互信任和有效沟通的合作氛围,促进关系的长期导向,增强供应商对于双方关系的满意程度。同时也促使制造企业主导供应商网络形成一个知识传播和知识共享的平台,为制造企业和供应商提供知识扩散、知识获取和知识流动,使得来自于不同企业的知识可以跨越时空进行转移,交换企业彼此的知识和技术,促进企业间的知识整合。然而资产专用性投入会形成组织间依赖,有可能导致供应商对具有依赖性的买方提供非善意的价格(Schiele et al.,2011;孙晓华、郑辉,2011)。制造企业为了更好地利用供应商网络,往往通过有效治理降低资产专用性投入带来的嵌入风险。

资产专用性投入使得双方的相互依赖程度增加,而专项投资不对称会引起机会主义行为(钱丽萍、任星耀,2012)。为防止供应商机会主义行为，制造企业更倾向于采用以权力为基础的权威治理，促使组织中正式控制程度增强（Sambasivan et al.，2013）。权威治理通过行为控制和资源支配等有效组织管理来决定控制权的归属，从而制造企业能对供应商网络进行实时的过程监督和行为控制，使资源得到有效配置。因此，资产专用性程度越高，权威治理的程度也就越高。

正式契约是制造企业与供应商关系质量的基本元素，也反映双方维持未来关系的意愿程度。制造企业专用资产投入是建立在长期关系保证的基础上，如果关系破裂，这些投入不会产生价值，因此供应商和制造企业都要积极维持和改善双方关系。契约协议能约定在双方投入专用性资产时，对于背离协议的机会主义行为制定明确的罚金，使得合作伙伴在执行自利机会主义行为时受到高额罚款，从而有效减少组织间冲突。因此，契约治理促进制造企业通过资产专用性的投入来创造以共享为目的、激励组织间成员的信任和相互承诺的合作关系（Jap，2001）。因此，资产专用性程度越高，契约治理的程度也就越高。

资产专用性投入需要制造企业对供应商投入人力、财力、设备和技术方面的支持，通过这些专用资产投入带来制造商与供应商间的信息交流和知识转移。离开长期关系的保证，制造企业和供应商很难从中获取收益（Kohtamäki et al.，2012）。制造企业资产专用性投入意味着制造企业对供应商的承诺，也意味着制造企业需要与供应企业建立更加稳定的关系。供应商作为接受方，在制造企业发出维持长期关系的承诺后，供应商则更有意愿与制造企业维持良好的关系，甚至愿意牺牲短期利益来实现双方的长期收益。规范治理有利于组织间形成相互分享氛围，促进成员间进一步交流。随着合作时间的增加，制造企业也更有意愿进行专用资产投入，从而确保关系的长期导向性。同时通过规范治理建立良好的关系质量，如信任、承诺、适应性等，形成合作规范，促进知识共享和知识转移，从而有利于网络成员间的相互学习（Zhang et al.，2009）。因此，当制造企业资产专用性投入增加时，规范治理程度也会增加。

基于此提出以下研究假设：

H3a：资产专用性越高，供应商网络实施权威治理程度越高

H3b：资产专用性越高，供应商网络实施契约治理程度越高

H3c：资产专用性越高，供应商网络实施规范治理程度越高

二 供应商网络治理机制对企业技术创新性的影响研究

（一）权威治理对供应商网络形态的影响

1. 权威治理对网络中心性的影响

网络中心性是指主导企业通过与许多网络节点的联结所形成的占据网络中战略地位的程度。网络中心性被看作是一个重要的网络特征，用于测量企业在网络中的重要性，并且常作为主导企业在网络拥有知识程度的指标。拥有高度网络中心性的企业能控制信息流动、接近并控制资源。当网络中心性程度越高时，访问网络其他成员的路径就越短，也获取较多的网络资源和知识，并且控制信息的流动，与其他潜在合作伙伴建立战略合作关系，促进企业接近和获取较多互补性资源，进而提高本身所拥有的优势地位。Gnyawali和Madhavan（2001）指出主导企业位于网络的中心，其所获取的网络间资源的联结组合越多，越有可能获取有价值的资源和信息，并对重要资源的潜在控制力越高。Burt（2000）的结构洞概念指出网络中组织持有越多的桥联结，则越有机会创造有利于自己的信息不对称地位来强化竞争优势。若成员的网络中心地位越高，则有越多的联结可获取重要资源，并对重要资源的潜在控制力越高，而掌握这些重要资源的成员便可降低对他人的依赖性来提升自身在网络中的权力地位。因此，网络中心性地位代表重要的社会结构资本，有效影响企业技术创新结果及接近资源的程度。

较高的网络中心性程度需要改变新技术创新过程中的管理方式和组织结构，增加供应商网络的复杂性。制造企业需要协调其与供应商、供应商与供应商之间的任务分配和目标协作，随之相应地需要一方能够拥有对另一方活动控制的权力，制造企业使用权威治理可以有效地控制技术创新过程中关键资源的流动。权威治理被认为

是组织间管理的"看得见的手"（Ouchi，1980），它以权力为基础的治理机制，制造企业使用其合法权利来影响供应商的态度、意图和行为，使得供应商能遵守制造企业的流程、规则和法规，以及相关要求（如是否符合特定的质量保证体系）（Makadok and Coff，2009）。权威治理是制造企业控制供应商决策的程度（Ambrose等，2010），涉及组织间官僚结构，即通过行为控制和资源有效支配等有效组织常规的管理来实现既定目标。制造企业在供应商网络运用权威治理程度越高，越能形成制造企业在供应商网络中的中心位置。

基于此提出以下研究假设：

H4a：权威治理对网络中心性有显著正向影响

2. 权威治理对供应商弹性的影响

供应商弹性被定义为用最小的代价在时间、努力、成本和绩效上快速应对网络供应成员变化的能力。在本书中，供应商弹性主要是供应商来源的弹性，是制造企业应对不确定性变化情况时，通过对合作伙伴在实践活动和政策上的平滑替换来实现网络弹性。制造企业在相似模块拥有不止一家的供应商，这有助于当一个供应商不能满足订单数量或保证订单质量的时候，企业能及时选择其他供应商作为补充和替代。供应商弹性越大，制造企业与网络内外供应商的联系越多，网络结构越多元，在每个模块化中掌握供应商的相似性和差异性，制造企业更能够修正网络供应商的数量和结构来适应环境变化（Hearnshaw and Wilson，2012）。高度的供应商弹性有助于适应快速变动的环境，有利于满足提供客户要求的服务、处理特殊订单和无法预期事件的调适和回应变化能力。

供应商弹性增加供应商网络的复杂性，制造企业需要协调其与供应商、供应商与供应商之间的任务分配和目标协作，对于供应商网络的管理方式和组织结构的要求也随之增加（Tepic et al.，2013）。在关系中运用权威治理越频繁，制造企业对网络资源的控制越强。权威治理活动涉及组织间官僚结构，通过明确公开的权责配置对组织成员在合作过程的利益进行保障。权威治理程度越高，随之相应一方越能够拥有对另一方活动控制的权力，制造企业使用可以有效地控制新技术创新过程中网络成员的变动。因此，在权威治理高的情况下，有效促进供应商弹性。

基于此提出以下研究假设：

H4b：权威治理对供应商弹性有显著正向影响

3. 权威治理对供应商关系紧密度的影响

在供应商网络中制造企业与供应商，以及供应商与供应商的关系紧密度能够使制造企业有效减少成本，提高产品质量，增强技术创新能力。网络成员间拥有较高的供应商关系紧密度有利于制造企业与供应商之间、供应商与供应商之间建立高水平的信任，有效减少沟通障碍，有利于知识的转移与共享，进而有效获取信息，促进知识的流动和吸收。供应商关系紧密度也能使企业间有更好的关系互动，关系互动使得供应商对制造企业的需求和期望更加了解（Holmen et al.，2007）。制造企业与关键供应商进行频繁的合作性沟通和交流，能有效促进组织间的知识流动，有利于供应商网络中知识共享和知识整合。伴随着供应商网络的大量的知识转移，给制造企业提供了大量的学习机会，如涉及各种技术和技术学习的诀窍。制造企业与供应商关系互动也会形成高度信任、承诺和相互之间开放式沟通的长期导向关系（Mesquita and Brush，2008）。制造企业与供应商关系互动能有效减轻供应商对制造企业机会主义行为的恐惧，降低供应商网络成员关系中的模糊性和不确定性，能激励供应商承诺，有利于制造企业和供应商间建立更为紧密的战略合作关系，获取互补性的知识，从而不断提高制造企业的竞争能力。

因此，供应商是技术知识的载体，在技术知识流动和技术知识存储过程中发挥着重要作用，为了提高网络成员间的技术知识传播能力，制造企业通过行政手段建立诸如正式、非正式会议、产品研讨会、师带徒等机制以方便跨部门间的技术知识交换和转移，提高知识传播的效率和效果。这不仅为企业内部创造新技术知识提供了机会，还可以改变和优化企业的技术架构。此外，权威治理通过行为控制和资源支配等有效组织管理来实现既定目标，使得供应商网络建立一个标准而又有制度化的冲突解决程序，保证组织间沟通网络的顺畅运行，同时也能在组织间的技术创新流程出现问题时，网络成员间能够有效做出协商或改变。为了控制网络成员的机会主义行为，制造企业可以通过权威治理让双方通过专用性资产投入，从而大大降低双方投机行为的可能性。因此，权威治理正向影响供应商关系紧密度。

基于此提出以下研究假设：

H4c：权威治理对供应商关系紧密度有显著正向影响

4. 权威治理对网络惯例的影响

网络惯例是网络成员应对内外部变化所采取的行为模式，网络惯例的形成是由于供应商网络中成员过去行为所得到的试错、选择、保留等学习和实践经验，使得网络成员间互动中建立规则和惯例程序（孙永磊、党兴华，2013）。网络惯例给制造企业和供应商提供相互学习的机会并构建有利于双方互动和转移隐性知识的平台。对于制造企业而言，完全吸收来自供应商的隐性知识（如供应商的见解、经验和能力等）往往需要和供应商进行双向、频繁的互动。网络惯例为制造企业和供应商提供一个平台，让它们可以观察、体验和论证隐性知识并得到直接的反馈，从而有利于隐性知识的获取和吸收。

网络惯例使得网络间形成一套知识分享和传递的行为，这一过程的实现必须建立在制造企业与供应商进行关键信息的分享的基础上。具体而言，供应商网络中要建立基本的网络供应知识并通过实际参与供应商网络活动积累知识和经验，主导企业要建立网络成员在特定领域的知识和技术演进的共同理解，使得网络成员知识领域能相互联结，创造信息和知识的交叉使用条件，从而强化网络成员间知识的理解和运用的效率（Zhang and Zhou，2013）。权威治理通过权力和正式决策流程来垂直控制供应商网络，对供应商绩效的评价或采用正式的评估项目、监控等方式来对组织成员在合作过程的利益进行保障，从而有效促进成员间在相互依赖中进行合作。因此，越高的权威治理程度，越有利于组织间网络惯例的形成。

基于此提出以下研究假设：

H4d：权威治理对网络惯例有显著正向影响

（二）契约治理对供应商网络形态的影响

1. 契约治理对网络中心性的影响

制造企业的网络中心性越高，网络成员对其依赖性越高，制造企业对网络管理能力要求也随之提升。较高程度的网络中心性需要制造商—供应商关系提供清晰的界定，鼓励合作双方进行专用资产投入，开发知识共享系统。利用网络成员间的现有资源使制造企业实现与供应商在治理框架下的技术资源交换，通过网络间成员信息共享和争议问题的解决能够减少合作伙伴间的不确定性所带来的交易困境（Reuer and Ariño，2007）。契约治理通过协商明确权利和义务的法律范围，制造企业利用详细的契约保护在法律上相互独立的双方的合作关系，执行契约履行程度依赖于外在法律的有效性（Lawson et al.，2009）。契约治理为制造商—供应商关系提供清晰的界定，鼓励合作双方进行专用资产投入，开发知识共享系统。清晰和正式的权责有效减少技术创新活动中不确定性行为。通过契约利用网络成员间的现有资源使企业实现与供应商在治理框架下的技术资源交换，契约治理有利于网络间成员信息共享和争议问题的解决，能够减少合作伙伴间的不确定性所带来的交易困境，有效防范合作伙伴的机会主义行为，确保交易的有效执行，从而降低供应商网络中技术创新风险。

具体而言，契约治理通过明确的契约协议来减少和抑制其他成员的机会主义行为。第一，契约协议能约定当成员间遇到争论和冲突时如何解决，它能对机会主义行为制定明确的罚金，背离协议的行为可能会使得该企业受到高额罚款，一个企业在做出自利的机会主义行为时得考虑法律和经济损失；第二，契约协议可以明确哪些行为是允许的而哪些是不允许的。契约治理会促进清晰而特定的目标，帮助减少潜在的机会主义行为，成员在任务的执行过程中能获得更多的自主性和独立性，从而减少其监督成本。因此，契约治理可以明确组织间成员的权利、义务、责任、任务和既定的目标，有利于提升制造企业对网络成员的控制能力,从而正向影响网络中心性。

基于此提出以下研究假设:

H5a:契约治理对网络中心性有显著正向影响

2. 契约治理对供应商弹性的影响

由于制造企业往往拥有优势地位,它们倾向于把下游需求不确定性压力转嫁到上游供应商身上,并且有在供应商有成本和质量问题的情况下快速替换供应商的自信。供应商弹性是通过重塑供应基的有效性来响应外部环境变化的能力。这就解释了为什么有的制造企业比其竞争对手有更好的响应能力和利润率。同时在网络竞争下,能在环境变化情况下能很好地改变和拓展资源(Tiwari et al.,2013)。制造企业如果能掌握供应商供货现状、了解上游竞争对原料的需求,在面临产出水平调整前,企业能预先联合供货来源,或者另行规划调货渠道,则不易出现停工待料的窘境,而能顺应市场需求量之变化(Singh and Acharya, 2013)。因此,供应商弹性使得制造企业有更好的协调和管理网络供应的能力,从而导致制造企业所组建的供应商网络有着更优秀的供应基。

然而供应商弹性意味着网络成员间的变动,进而使得网络结构变动产生一系列不确定性,这不利于供应商网络的稳定性和创新产出。制造企业使用契约治理可以有效降低网络成员变动所带来的不确定性。具体而言,契约治理以成文的契约协议来影响行为通过绩效评估和奖励。有效的契约治理使得合作双方有清晰明确的职责界定,从而促进制造企业与供应商之间和供应商与供应商之间的合作被很好地设计并契约化。契约治理会促进清晰而确定的目标,有利于减少网络不确定性所带来的交易困境,有效防范合作伙伴的机会主义行为,确保交易的有效执行。因此,契约治理对供应商弹性有正向影响。

基于此提出以下研究假设:

H5b:契约治理对供应商弹性有显著正向影响

3. 契约治理对供应商关系紧密度的影响

为了更好地获取竞争优势，制造企业开始从战略层面上与供应商建立更为紧密的合作关系来实现与供应商之间的互惠互利。制造企业开始更多采用长期导向关系行为，促使制造企业与上游供应商从简单的市场交易关系转变成战略伙伴关系，其中网络成员间的高联系紧密度在实践中最为普遍（Slepniov et al.，2010）。在供应商网络发展过程中，网络成员之间的关系互动会使得彼此更加了解，进而倾向于成员间相互信任和长期关系导向氛围。主导企业与供应商之间建立很好的供应商关系的一个重要特征是在网络中形成关系承诺，成员间有意愿尽最大努力来维持双方之间的长期互动（Tepic et al.，2010）。从知识基础观角度而言，供应商关系紧密度越高，网络成员中知识的接受方从他人得到知识的同时，也会觉得本身有义务和责任进行汇报。成员间彼此互惠关系有助于强化每个知识拥有者的交换动机，进而形成共同目标和语言，有利于提高供应商网络相关知识的积累。如果能与供应商建立紧密关系，就可以形成具有竞争优势的供应商网络，进而让网络成员可以分享市场、减少投资、改善品质、缩短技术创新和上市时间。制造企业和供应商较高的供应商关系紧密度是主导企业获取资源、提供产品或服务的重要模式（Srivastava and Singh，2010）。

而制造企业和供应商较高的供应商关系紧密度需要双方大量的关系投入，一旦双方关系破裂，这些关系投入就面临大幅度的贬值，使得一方蒙受巨大损失。因而，制造企业主导供应商网络面临的一个重要问题就是如何说服网络成员对网络进行关系投入，契约治理是有效解决这一问题的关键手段。具体而言，第一，契约治理通过协商明确权利和义务的法律范围，利用详细的契约保护在法律上相互独立的双方的合作关系，执行契约履行程度依赖于外在法律的有效性（Lawson et al.，2009）。契约治理为制造商—供应商关系提供清晰的界定，清晰和正式的权责有效减少技术创新活动中不确定性行为（Mukherjee et al.，2013）。第二，通过契约利用网络成员间的现有资源使企业实现与供应商在治理框架下的技术资源交换，契约治理有利于网络间成员信息共享和争议问题的解决，能够减少合作伙伴间的不确定性所带来的交易困境,有效防范合作伙伴的机会主义行为,确保交易的有效执行,从而降低供应商网络中技术创新风险(Poppo and Zhou,2013)。第三,契约协议使得合作伙伴在执行自利机会主义行为时受到高额罚款,从而有效减少组织间冲突。契约治理促进以共享为目的、激励组织间成员的信任和相互承诺的合作关系氛围的形成。因此,契约治理程度越高,网络成员间的供应商关系紧密度也就越高。

基于此提出以下研究假设:

H5c:契约治理对供应商关系紧密度有显著正向影响

4. 契约治理对网络惯例的影响

网络惯例是指组织存在一个记忆模式,通过组织间互动式的学习、沟通、共同问题解决等方式,建立共同的网络组织记忆,提供组织在不确定性情境下基本的思考逻辑和行动指导。由于不同组织之间有着不同的组织记忆,其组织惯例也存在不同(党兴华等,2013)。不同组织之间对于特定问题会有不同的理解和行动反应。知识转化螺旋模型指出网络内部成员间技术经验和技术知识的传播促进网络成员间的相互学习,并成为技术知识社会化的基础。当技术知识从一个企业传播到另一个企业时,为网络不同成员之间的互动交流和新技术知识的产生提供有利机会,促进技术知识的相互碰撞,进而激发企业技术知识的创造。通过内部知识传播,企业还能够系统总结自身所掌握的技术知识并加强对源自供应商技术知识的吸收和消化,对现有技术知识结构进行深化和重构,创造出更多新技术知识,给企业带来突破原有技术模式和技术轨道的契机。在组织间知识共享和信息交换过程中,网络成员间的互动经常存在认知不一致,契约治理有效降低认知不一致所带来的负面影响。契约治理通过对合作双方清晰明确的职责界定和缜密明晰的契约签订减少制造企业和供应商行为的不确定性,提高双方的沟通协作效率,提升双方创造共享价值的期望(Bazyar et al.,2013)。

网络惯例的形成需要组织间较多的知识共享和知识交换,由于组织间知识流动使得专业技术知识的保护变得困难,契约治理提供制造企业和供应商之间清晰的产权保护机制，即通过所有权的配置以决定利益分配和风险承担，以及通过激励机制设计来降低目标不一致的风险或损失。在契约治理高的情况下，项目成员在任务的执行过程中能获得更多的自主性和独立性，使得组织间越能形成知识共享、学习导向和开放思维的氛围，进而降低技术创新风险（Pilbeam et al., 2012）。因此，契约治理对网络惯例有正向影响。

基于此提出以下研究假设：

H5d：契约治理对网络惯例有显著正向影响

（三）规范治理对供应商网络形态的影响

1. 规范治理对网络中心性的影响

主导企业的网络中心性是指主导企业通过与许多网络节点的联结占据网络中战略地位程度。企业在网络中与许多节点联结，有利于接近与控制所需资源、信息和知识，并成为知识流动的中介，这代表企业具有网络中心性，有利于企业及时获取信息和技术（Frankenberger et al., 2012）。主导企业的网络中心性越高，则其所能获取的组织网络资源越多，对网络内部其他成员的依赖性降低，通过所建立的资源优势可提升网络内部其他成员对其依赖性，进而强化主导企业的谈判能力。

网络中心性越高，制造企业所需要联结网络内外部资源越多，网络内部其他成员对其依赖性越高，因而制造企业需要有效协调处理网络成员间的冲突（Munksgaard et al., 2012）。规范治理是以信任和承诺为基础的治理机制，它包括一系列隐含的原则和规范组成，以信任和承诺为基础，使得组织间在不确定的情境下仍能一起进行知识共享，双方专用资产投入等行动来进行组织间合作（Gençtürk and Aulakh, 2007）。规范治理建立健全信息共享和双向交流机制，在企业间构建跨组织的学习型文化和营造良好的合作氛围，促进供应商的技术知识转移。与此同时，规范治理有效协调网络成员间的冲突。规范治理依赖于社会化手段来有效减少组织间成员目标的不一致性，从而有利于成员间的参与和沟通，组织间成员更有意愿来参与其他决策制定过程，从而合作双方都能关注潜在的问题，使双方都能更好地解决彼此的不同而有效防止事后的协调危害。规范治理对技术创新的作用主要通过供应商网络间成员的社会关系中价值和认同过程中所形成的非正式执行力（Pittino and Mazzurana，2013）。因此，规范治理可以促进制造企业的网络中心性。

基于此提出以下研究假设：

H6a：规范治理对网络中心性有显著正向影响

2. 规范治理对供应商弹性的影响

制造企业在供应商网络中的供应商弹性意味着制造企业对网络其他成员的依赖性和其他网络成员对制造企业的依赖性。制造企业主导的供应商网络的供应商弹性越高，其所能获取的组织外部资源、网络内部资源越多，对网络内部成员的依赖性也随之降低，通过供应商弹性所建立的资源优势有效提升网络成员对制造企业的依赖性，强化制造企业的谈判能力。供应商弹性有利于适应不可预测的事件，使其更能对市场的变化做出快速、适当的调整。

供应商弹性作为战略手段运用于供应商网络也增加了制造企业管理供应商的难度，而规范治理可以有效解决供应商弹性所带来的管理问题。具体而言：第一，供应商弹性程度越高，加入到技术创新的供应商的数量也随之增加，制造企业越需要提高配置供应基的效率和效果（Lau et al.，2010）。规范治理有利于网络成员间相互适应，高的规范治理意味着双方之间更多的承诺，减少可感知的风险和双方的机会主义行为，有利于网络成员间建立长期导向关系，从而减少网络结构调整所带来的沟通和信任危机。第二，供应商弹性增加网络成员间信息共享和信息流动的难度，制造企业需要更好地协调组织间的各个关系，促进成员之间信息共享和知识流动（Van de Vrande，2013）。基于充分信任为基础的规范治理促进合作双方都能更好地预期双方的需求，有利于组织间的信息流动，这也使供应商更灵活地定制库存水平来应对需求不确定性，从而帮助供应商有效降低合作成本。因此，制造企业的规范治理正向影响供应商弹性。

基于此提出以下研究假设：

H6b：规范治理对供应商弹性有显著正向影响

3. 规范治理对供应商关系紧密度的影响

供应商关系紧密度需要网络成员间形成长期导向承诺，从而使得组织间在不确定的情境下仍能一起进行知识转移、双方专用资产投入等行动来进行组织间合作。供应商网络中的供应商关系紧密度意味着组织间成员彼此之间有高度的互动、相互依赖和互惠关系（Petersen et al., 2008）。较高的供应商关系紧密度表示网络内成员拥有高度信任、紧密的互动关系，强调网络成员间沟通和协调效率，使双方的信息能快速流通，并强化对彼此的知识吸收。供应商关系紧密度的形成需要组织间相互共享和关系投入，这有利于减少网络成员间有保护自身知识的顾虑，促进彼此互动式知识共享程度。

制造企业通过规范治理，使得供应商和制造企业各层次人员可以进行沟通交流，充分了解制造企业对产品创意和产品概念的具体要求和想法，通过双方充分的磨合与技术互动，特别是现场面对面的交流，使制造企业接触、获取并吸收供应商的专业技术知识和诀窍，促进了技术学习行为的发生。同时，如果制造企业的管理者能很好地管理来自技术学习中的专业技术知识，这些知识就有可能被有效地整合到制造企业现有的技术知识库中，这两种技术知识间相互作用能产生新的创意和想法，从而有助于提升制造企业技术创新能力。规范治理有利于组织间形成相互分享氛围，促进成员间进一步交流，随着合作时间的增加，制造企业也更有意愿进行关系投入，从而确保关系的长期导向性。同时通过规范治理建立良好的关系质量，如信任、承诺、适应性等会形成合作规范，促进知识共享和知识转移，从而有利于网络成员间的相互学习。因此，规范治理对网络成员间供应商关系紧密度有正向影响。

基于此提出以下研究假设：

H6c：规范治理对供应商关系紧密度有显著正向影响

4. 规范治理对网络惯例的影响

网络惯例体现为网络成员间开展特定的共有惯例，例如，供应商成员间的例行性技术交流、共有技术问题的解决等，并把这种共有常规转化成网络成员间特定有价值并难以模仿的核心能力，用于处理网络中重复发生问题的方式（García et al.，2014）。网络惯例是一种能力的体现，它为网络成员提供一个参考，让网络成员理解合作的内涵，使得网络成员在遵守规则的同时又能从容应对不确定情况下发生的突发事件，网络惯例提供一套无形的程序，被看作是一种模板，让网络成员间形成某种合作习惯，驱使不同的供应商依照这种模板完成任务。网络惯例建立特定领域的共同理解的知识和技术发展，以便网络间成员的知识领域能相互联结。另外，网络惯例创造信息和知识的重复性，强化网络成员间知识的运用，进而增强知识的理解和运用的效率（Raman and Bharadwaj，2012）。在供应商网络中，网络惯例强化网络成员对于网络相关程序的认知，并通过实际参与网络活动来积累基本的供应链知识和经验。网络惯例形成网络成员的参考框架，使得成员进一步积累更多内隐知识，使得网络成员对于整个供应商网络的相关知识有更全面的了解，也进一步增强吸收供应商网络相关知识的能力。网络惯例是网络成员间先前合作的经验，代表供应商网络相关知识和经验的存量，反映供应商网络成员对于供应链程序的知识、经验与熟悉的程度。

网络惯例越高，意味着制造企业与供应商之间越需要信息共享和交流。通过建立以信任和承诺为基础的规范治理，它包括一系列隐含的原则和规范，依赖于社会化手段减少组织间成员目标的不一致性，有利于成员间的参与和沟通（Ju et al.，2011）。规范治理促进网络间知识的运用，提供共享知识库，进而增加知识理解与运用的效力。制造企业需持续不断的沟通来创造关系为基础的共同诠释元素缩小认知差距，才能对信息的解读和理解有共同一致性。规范治理有利于制造企业构建组织间成员知识共享的平台，维持制造企业与供应商之间长期导向关系（Afuah，2013）。组织间成员更有意愿来参与其他决策制定过程，从而合作双方都能关注潜在的问题，使得双方都能更好地解决彼此的不同而有效防止事后的协调。因此，规范治理对网络惯例有正向影响。

基于此提出以下研究假设：

H6d：规范治理对网络惯例有显著正向影响

（四）供应商网络形态对技术创新性的影响

1. 网络中心性对技术创新性的影响

网络中心性是指制造企业在网络中所拥有的中心位置，制造企业与网络中成员拥有越多的桥联结，则越有可能利用信息不对称来提升网络资源的控制（Burt，2000）。供应商网络为制造企业整合和利用供应商能力，通过供应商向企业提供有关技术、生产工艺、产品功能等方面的知识，共同提高制造企业技术创新性。在供应商网络中，制造企业通过塑造网络中无法直接建立联结的成员间的联结角色，来阻断网络中其他成员直接联结。通过结构洞，制造企业创造有利于自身的信息不对称，并透过这样的网络关系强化自身信息获取的效率。Tsai（2001）通过网络理论探讨组织学习层面的知识转移，指出组织越接近网络中心性，则拥有越多的途径获取网络其他成员所开发的新知识，并将其运用于创新。制造企业接近网络中心，有利于企业及时获取信息和技术，强化信息吸收、技术研发所需的信息以及管理效率，而获取的网络经验、信息越丰富，越能加速其技术研发的发展成果。Capaldo（2007）通过案例研究发现，网络位置对主导企业在知识共享网络中获取动态创新能力有影响。制造企业通过不同形态的网络联盟，来强化信息获取、技术研发所需的信息以及管理效率，同时指出制造企业越接近网络中心，其所能获取的网络经验、信息越丰富，便越能加速其技术研发的发展成果。因而主导企业的网络中心性越高，则其所能获取的网络内外部资源越多，通过所建立的资源优势可提升网络内部其他成员对其依赖性，越有能力构建强势的技术地位，并强化技术的未来发展潜力（Thorgren et al.，2009）。

网络中心性代表制造企业在供应商网络中所拥有的重要社会结构资本，有效影响企业创新结果及接近资源的程度。拥有高度网络中心性的制造企业能控制信息流动、接近并控制资源（Pullen et al.，2012）。当网络中心性程度越高，访问网络其他成员的路径就越短，也获取较多的网络资源和知识，并且控制信息的流动，与其他潜在合作伙伴建立战略合作关系，促进企业接近和获取较多互补性资源，进而提高本身所拥有的优势地位。因此，制造企业居于网络中心位置，对于企业技术创新性的提升产生正向影响。

基于此提出以下研究假设：

H7：网络中心性对技术创新性有正向影响

2. 供应商弹性对技术创新性的影响

供应商弹性通过重塑供应基的有效性来响应外部环境变化的能力。由于技术创新周期变短，为了快速应对环境的变化，供应商弹性成为制造企业取得竞争优势的关键（Chu et al., 2012）。供应网络结构影响供应链的信息和物料流，更好地重构、协调和管理供应网络的能力导致更优的供应基。在供应链情境下，企业必须竭尽全力适应外部商业环境的变化，通过更好地配置和重塑供应来源，网络化结构通过获取不同渠道的外部资源有效补充组织内部资源。供应商弹性是企业通过外部合作来开发和利用外部知识的跨组织合作能力。供应商弹性意味着通过管理新知识、新技术、市场变化和其他开发需求达到不同绩效要求（Liao et al., 2010）。

由于外部资源并不是自动地流向企业，企业在动态环境下，需要从外部吸收知识和能力来促进技术创新性。而供应商弹性涉及对组织特定知识利用的外部响应能力，供应商弹性往往是企业通过修正网络供应商的数量和结构用最小的代价在时间、努力、成本和绩效上快速应对变化来获取。由于制造企业往往拥有优势地位，它们倾向于把下游需求不确定性压力转嫁到上游供应商身上，并在供应商有成本和质量问题的情况下，快速替换供应商。供应商弹性越大，主导企业与网络内外供应商的联系越多，网络结构越多元，就增加了网络的不稳定性，降低了网络成员间的相互信任，使得供应商往往不愿在与制造企业创新合作中提供专用资产投入，进而使得供应商创新性对制造企业技术创新性的影响减弱（Schilling and Phelps，2007）。

基于此提出以下研究假设：

H8：供应商弹性对技术创新性有负向影响

3. 供应商关系紧密度对技术创新性的影响

技术创新性的提升是一项非常复杂的活动，通过获取新知识或者改变企业已有的存量知识得以实现。技术的复杂性使得其所涉及的独立技术、人员以及知识源的个数较多，它是技术自身的一种内在本质。当技术复杂性水平较高时，企业间技术知识转移和内化难度将会增加，从而导致技术知识转移成本的增加。因此，技术复杂性会影响技术知识的转移、吸收及转化该种技术知识的能力。因为技术复杂性程度越高，技术知识模糊性存在的可能性越大，越不利于对技术知识进行编码使其显性化，其传播和吸收的难度也越大（Salvador and Villena，2013）。同时，复杂性技术知识往往嵌入在企业内部的社会网络中，很难与其组织方式相分离，由此造成的技术知识处理过程的独特性也会影响组织内技术知识传播的有效性。在技术复杂性程度较高时，对于企业而言，从供应商处获取的技术知识多以半结构化的形态存在，不易对其编码，企业只有建立高效的培训和指导等技术知识内化机制，否则所获技术知识将很难在网络不同企业间传播。但是新知识的产生是一个逐渐累积的过程，在此过程中，知识可能被增加、删除、整合、修改或简单地重新诠释。知识获取是识别、评价和获得外部知识的一种能力，这种能力对企业的运营活动至关重要。能得到更多的外部知识并不意味着企业可以成功地内化它们。知识基础理论认为，在技术创新过程中知识共享促进了企业间和企业内部的技术知识转移，由此可以产生新的技术知识以建立持续的竞争优势。

而技术知识获取是技术知识转移必不可少的环节，企业要想获得某种技术知识，首先需要通过各种媒介寻找到合适的技术知识源。较高的供应商关系紧密度使得供应商对于制造企业的需求和期望更加了解。制造企业能与关键供应商进行频繁的合作性沟通和交流，有效促进组织间的知识流动，有利于供应商网络中的知识共享、知识整合（Vázquez et al.，2013）。网络间成员通过关系互动促进制造企业与供应商建立长期导向关系，能有效减轻机会主义行为的恐惧，降低网络成员关系中的模糊性和不确定性（Liker and Choi，2004）。供应商关系紧密度能激励供应商承诺，有利于制造企业和供应商之间建立更为紧密的战略合作关系，获取互补性的知识，从而不断提高制造企业的竞争能力。

由于制造企业和供应商的紧密关系，制造企业有意愿对供应商提供培训和信息如专业知识、资源分享。伴随着供应商网络的大量的知识转移，给制造企业提供了大量的学习机会，如涉及各种技术和技术学习的诀窍，更高频率的沟通和范围更大的合作使得合作的各方能分享有价值的信息，并对信息进行有效的流通和吸收（Goffin et al.，2006）。制造企业与供应商较高的供应商关系紧密度会形成高度信任和承诺，相互之间开放式沟通的长期导向关系有利于宽度知识的吸收（Lungtae and Atthirawong，2014）。

因此，供应商关系紧密度一方面有利于制造企业与供应商之间、供应商与供应商之间建立较高水平的信任，有效减少沟通障碍，有利于知识的转移与共享；另一方面供应商关系紧密度有利于制造企业在组织间学习活动中宽度知识的吸收，进而大大提升制造企业的技术创新性。

基于此提出以下研究假设：

H9：供应商关系紧密度对技术创新性有正向影响

4. 网络惯例对技术创新性的影响

技术创新性需要组织间的知识流动和知识共享，而组织间进行知识交换时，由于知识基的不同，常常存在认知差异，使得组织间无法互相理解和吸收相互间知识。技术知识传播是指企业有意识地总结和提炼在供应商参与过程中获得的有关技术方面的知识与诀窍，并将其编码化，通过多种形式传递。由于专业技术知识和技术诀窍的缄默性，具有高度个人化、难以形式化、难以与他人共享的特点，因此其传播过程通常是缓慢和非结构化的，这种传播过程需要组织个体之间的双向交流和沟通来完成。供应商参与有助于建立企业和供应商不同层级和不同部门人员间的人际互动和面对面交流的平台，借助此平台，企业和供应商不同层级和部门人员间可以共享信息、协同解决技术方面的问题，增加技术知识传播的速度。同时，为了促进知识交换和知识整合，制造企业需要设计促进相互之间共同认知的流程和组织形式，提升知识理解与运用效率（Ziggers et al.，2011）。网络惯例是指组织存在一个记忆模式，提供组织在不确定性情境下基本的思考逻辑和行动指导。由于不同组织之间有着不同的组织记忆，其组织惯例也存在不同，因此不同组织之间对于特定问题会有不同的理解和行动反应。在组织间知识共享和信息交换过程中，网络成员间的互动经常存在认知失灵（Nooteboom，2000），通过组织间互动式的学习、沟通、共同问题解决等方式，建立共同的网络组织记忆，来降低认知不一致所带来的负面影响。网络惯例能让制造企业了解供应商知识存量的种类，包括谈判、冲突管理和合作项目实施等互动性知识存量及降低成本、质量管理和产品研发等功能性知识存量。双方持续的共享信息不仅积累了协调和解决冲突的经验，还有利于制造企业获取和整合供应商互动性和功能性知识并把它们存储在关系专属性记忆中。

网络惯例强调关系互动行为机制，有利于成员间相互学习，促进分散于网络间各个企业的知识共享和知识转移的活动。网络惯例除了传递隐性知识以外，也能通过联合解决问题等活动，促进网络成员间的互动，有效传递和内化知识，使得制造企业准确掌握网络活动，促进供应商网络的顺利运行（Stanko et al.，2013）。这些组织间惯例代表制度化过程和合并不同企业的互补性资源来创造协调的渠道。网络惯例使得网络间形成一套知识分享和传递的行为，让网络成员在无形中养成某种合作习惯，并驱使不同的供应商，依照这种习惯完成任务。网络惯例中更隐含着分散于各个企业的知识，促进成员间相互学习的媒介。这种知识共享惯例使得网络成员间能有效对于相互传递的知识进行分析和内化，网络惯例存在促进组织间的知识流动和知识共享（Hernandez et al.，2010）。在供应商网络中，网络成员借助网络惯例，形成指引思考和行动的参考模式，并从中进一步累积更多或更内隐的知识。在此过程中，网络惯例如同地图性质一样，拼凑的知识区块越多，使得制造企业对于网络相关知识越有更完整的认识,对于进一步利用供应商网络相关知识的能力也就越强(Möller, 2013)。网络惯例促进制造企业在供应商网络进行知识获取和信息传播活动,也使得制造企业吸收知识的能力增强而提升知识转移的效率(Mason and Leek, 2008)。因此,网络惯例使得制造企业更积极地向网络成员寻求知识,也使得与技术创新性相关的知识转移更为高效,进而提升制造企业的技术创新性。

基于此提出以下研究假设:

H10:网络惯例对技术创新性有正向影响

第三节 本章小结

本章在文献综述的基础上,具体分析供应商网络中前置因素、治理机制与技术创新性之间的关系。在此基础上,提出了25个待检验的理论假设,如表4-1所示。

表4-1 研究假设汇总

假设编号	假设内容
H1a	技术新颖性程度越高,供应商网络实施权威治理程度越高
H1b	技术新颖性程度越高,供应商网络实施契约治理程度越高
H1c	技术新颖性程度越高,供应商网络实施规范治理程度越高
H2a	产品模块化程度越高,供应商网络实施权威治理程度越高
H2b	产品模块化程度越高,供应商网络实施契约治理程度越高
H2c	产品模块化程度越高,供应商网络实施规范治理程度越高
H3a	资产专用性越高,供应商网络实施权威治理程度越高
H3b	资产专用性越高,供应商网络实施契约治理程度越高
H3c	资产专用性越高,供应商网络实施规范治理程度越高
H4a	权威治理对网络中心性有显著正向影响
H4b	权威治理对供应商弹性有显著正向影响

续表

假设编号	假设内容
H4c	权威治理对供应商关系紧密度有显著正向影响
H4d	权威治理对网络惯例有显著正向影响
H5a	契约治理对网络中心性有显著正向影响
H5b	契约治理对供应商弹性有显著正向影响
H5c	契约治理对供应商关系紧密度有显著正向影响
H5d	契约治理对网络惯例有显著正向影响
H6a	规范治理对网络中心性有显著正向影响
H6b	规范治理对供应商弹性有显著正向影响
H6c	规范治理对供应商关系紧密度有显著正向影响
H6d	规范治理对网络惯例有显著正向影响
H7	网络中心性对技术创新性有正向影响
H8	供应商弹性对技术创新性有负向影响
H9	供应商关系紧密度对技术创新性有正向影响
H10	网络惯例对技术创新性有正向影响

第五章 研究设计与测量质量评估

通过第三章构建供应商网络治理作用机理的理论分析框架，第四章建立概念模型和研究假设，要对其进行深入分析，还需正确的研究方法设计。实证研究方案直接影响研究的可靠性和有效性，因此需要采取科学获取方法，主要包括三个方面内容，分别是：第一，借鉴已有成熟量表、进行小规模的访谈和预试问卷测试；第二，说明问卷数据收集方法和收集过程；第三，阐述实证研究中所使用的研究方法。基于此，本章将阐述本书方法、主要内容说明、本书所设计的变量测量和研究数据收集情况。

第一节 问卷设计

一 问卷设计的原则与过程

本书主要研究制造企业如何通过供应商网络提升技术创新性作用机理，研究内容所涉及的变量都是构念，在实证研究中一般通过调查问卷来收集和分析数据。因此，问卷设计的好坏在很大程度上决定实证分析的可靠性和有效性。本书遵循科学有效设计原则形成正式问卷。

问卷调查法是管理学研究领域实证研究中最为广泛使用的方法，它是通过设计统一调查问卷以问卷填答的形式向具有代表性的对象获取信息和征求意见的调研方法。问卷调查法具有诸多优点，其调查成本低廉，问卷的回收速度快，样本数量大，同时受被调查者干扰小，是实证研究中最为经济的收集数据方式。为了保证问卷调查法所获取数据的信效度较高，需要设计出合理的问卷测量量表，通过科学的编制过程实现。本书借鉴 Dunn 等（1994）的研究，将调查问卷的编制过程细化，如图 5-1 所示。

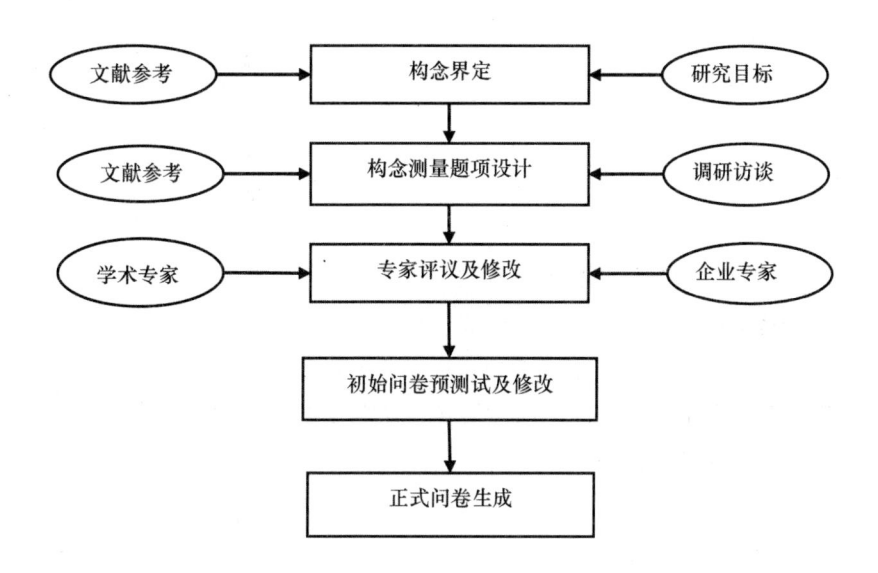

```
文献参考 ──→ 构念界定 ←── 研究目标
                ↓
文献参考 ──→ 构念测量题项设计 ←── 调研访谈
                ↓
学术专家 ──→ 专家评议及修改 ←── 企业专家
                ↓
         初始问卷预测试及修改
                ↓
           正式问卷生成
```

图 5-1　问卷编制过程

测量量表直接影响研究的可靠性和有效性，而所选取的测量指标和题项对量表生成有直接影响，因此需要采取科学获取方法。本书的变量测量主要通过以下几种方式获得：第一，通过文献检索相关研究已被证实有效且具有普遍适用性的度量指标；第二，现有文献没有找到恰当的指标，则根据现有的文献和本书对该构念的界定，归纳出该构念的主要特征作为测量题项；第三，由于研究的构念大多来自外文文献，为了保证量表题项的语义表达的准确性，对相关测量题项进行双向翻译，并根据我国供应链企业具体情况对量表题项进行相应修改，形成初始问卷。通过小样本数据的收集，通过预测试问卷调查对量表测量题项进行纯化处理，最终形成用于大样本调查的正式问卷。

本书采用李克特量表让受试者通过主观感知对问卷题项进行评

分。由于量表评分分类较少,数据容易形成非正态分布,造成残差不独立的现象。随着评分分类增多,问卷数据在符合大样本的前提下也较容易呈现正态分布情况,共变系数矩阵所体现关系更清晰,然而评分分类过多也容易使受试者感到困扰,Bollen(1989)建议采用7级打分有利于保证变量的变异量同时提高变量间的区分度。因而本书在问卷设计时采用李克特7级量表法,对题项测量同意程度由数字1到7表示,数字1代表"完全不同意",数字7代表"完全同意"。

二 数据分析的步骤与方法

本书采用 SPSS 18.0 进行描述性统计分析和量表的信度分析,采用 AMOS 18.0 进行构念的验证性因子分析和研究假设的结构方程模型检验。本书数据分析的步骤和方法具体如下:

(一) 描述性统计分析

描述性统计分析指的是统计描述调查问卷的基本性质,主要包括企业性质、行业分布情况、企业规模、问卷填写者的基本情况,借以了解调查问卷的代表性是否符合研究需要。

(二) 因子分析

探索性因子分析是社会科学研究领域中最重要的实证研究方法之一,主要功能在于将一组观测变量综合为少数几个因子,反映原始的观测变量与因子之间的相关关系,同时能通过不同因子对观测变量进行分类。本书运用探索性因子分析的主成分分析方法提取公因子和经过方差最大化正交旋转。为了检测样本是否适合因子分析,通过 KMO 值的大小和 Bartlett 球形检验值中的 $X2$ 来判断相关矩阵的取样合适性。KMO 值越接近1则表明变量之间的相关关系越强,观测变量越适合做因子分析。常用的 KMO 值判标准如表 5-1 所示。

对于 Bartlett 球形检验值中的卡方值比较大,同时检验显著性概率小于 0.05,则被认为适合用因子分析。

表 5 – 1　　　　　　　　　KMO 值判断标准

KMO 值	适用性评价
0.9 以上	极佳的
0.8 ~ 0.9	良好的
0.7 ~ 0.8	适中的
0.6 ~ 0.7	普通的
0.5 ~ 0.6	欠佳的
0.5 以下	无法接受的

本书对供应商网络中的治理机制中的契约治理、权威治理和规范治理、供应商网络形态中的网络中心性、供应商弹性、供应商关系紧密度和网络惯例，以及技术创新性进行测度，采用 AMOS 18.0 进行验证性因子分析，来检验量表的信效度。

为了评估所构建的概念模型是否合理有效，需要对模型拟合指数进行评价，验证性因子分析的模型拟合指数选择和评价在结构方程模型部分详细讨论。

（三）量表的信度分析

信度是衡量某一事物所收集的数据结果所具有的一致性和稳定性程度。信度反映构念测量结果的一致性和稳定性。前者测度内在的信度，本书采用克朗巴哈系数 Cronbach's α 指标，后者测度外在的信度，本书采用组合信度（Composite Reliability，CR）。

Cronbach's α 指标是最为广泛运用的信度检验指标。α 值越大，表明量表的内部一致性越高。一般而言，α 值大于 0.6，表明该量表的内部一致性可以被接受；α 值大于 0.8，表明信度较好。组合信度 CR 值一般要求大于 0.7，表明量表的稳定性良好，见表 5 – 2。

表 5-2　　　　　　　　Cronbach's α 的评判标准

Cronbach's α 值	信度评价
0.8 以上	比较好
0.7~0.8	良好
0.6~0.7	可接受
0.5~0.6	不适合
0.5 以下	非常不适合

(四) 量表的效度分析

量表的效度分析是为检验待测的构念是否真实可靠,待用的工具是否能真正测量待测的构念。问卷设计主要关注内容效度(content validity)和构念效度(contruct validity)。

内容效度主要测量量表对所要测验内容的代表程度。为使调查问卷具有较高的内容效度,研究人员在设计量表题项时,一般均需先通过文献探讨,严格选择可以完整涵盖研究内容的测量题项,通常借鉴一些学者使用并被认可的成熟量表,在此基础上,通过企业实际访谈调研,对容易产生歧义或意思表达不明确的问卷题项进行调整和修订,最后在与领域的理论或实务专家一起谈论审定,这个过程能很好地确保量表的内容效度。

构念效度又被称为结构效度。它是指量表测量与理论上的构型吻合程度。构念效度一般分为聚合效度和区别效度。聚合效度是指测量指标与理论上测量相关特质问题的关联程度,本书通过标准化因子负荷值和平均方差析出(Average Variance Extracted,AVE)来测量。一般而言,标准化因子负荷值和 AVE 需要大于 0.5,并且达到显著。

区别效度是指题项对于不相关测量特质的因素区分程度。换句话说,不同构念间不应存在高度相关性。主要方法采用相关分析,两个构念间的相关系数小于 0.7,则被认为具有区辨性。还有一个常用做法是通过各构念的 AVE 的平方根是否大于各构念的相关系数来判断。

（五）结构方程模型

结构方程模型是管理领域实证研究的重要统计方法，融合因子分析与路径分析的统计技术，对因果模型可有效识别、评估和验证（吴明隆，2009）。结构方程模型是用来检验关于观察变量和潜变量及潜变量与潜变量之间假设关系的一种多重变量统计分析方法，即以所搜集数据来检验基于理论所建立的假设模型（陈晓萍等，2008）。从统计方法的角度来看，结构方程模型扩展一般线性模型，几乎整合之前所有线性关系的统计方法，如方差分析、探索性因子分析、验证性因子分析、线性回归分析、路径分析、高阶因子检验和纵向追踪数据分析。

由于不同拟合指标评价的侧重点不同，评价一个结构方程模型的拟合程度是一个复杂的问题，在进行模型拟合程度评价时，判定某个模型是否被接受，不仅仅依赖于单一指标评价，而是应该运用多个指标进行综合评价。根据 AMOS 18.0 所提供的整体模型拟合度指标的功能与意义，选择以下几个主要指标（见表 5-3）来评价模型拟合的情况。

表 5-3 整体模型拟合度指标

拟合指标	指标的参考值
χ^2/df（CMIN/DF）	小于 5 表明可以被接受；小于 3 表明拟合很好
P	大于 0.05 表明观测数据与模型之间不存在显著差异
GFI	大于 0.8 表明可以被接受，大于 0.9 表明拟合较好
AGFI	大于 0.8 表明可以被接受，大于 0.9 表明拟合较好
NFI	大于 0.8 表明可以被接受，大于 0.9 表明拟合较好
TLI	大于 0.8 表明可以被接受，大于 0.9 表明拟合较好
CFI	大于 0.8 表明可以被接受，大于 0.9 表明拟合较好
RMSEA	0 以上，小于 0.1 表明好的拟合；小于 0.05 表明非常好的拟合；小于 0.01 表明非常出色的拟合
CR	大于 1.96 在 0.05 水平上显著；大于 2.58 在 0.01 水平上显著；大于 3.29 在 0.001 水平上显著

（1）卡方自由度比（CMIN/DF）。CMIN/DF 代表每降低 1 个自由度所带来卡方值的变化。卡方自由度比越小，模型的拟合度就越高。一般情况下，学者建议 CMIN/DF 的比值介于 1~3 的范围内，表明模型拟合较好。

（2）渐进残差均方和平方根（Root Mean Square Error of Approximation, RMSEA）。渐进残差均方和平方根反映假设模型与样本的不匹配程度，受样本数量影响较小，是较为理想的拟合指标，因此也成为结构方程模型最基本的拟合指标。RMSEA 值越小，表明模型拟合越好。一般而言，RMSEA 指标小于 0.1 表明模型的拟合结果可以被接受，小于 0.08 表明模型的拟合结果良好。

（3）适配度指数（Goodness – of – Fit Index, GFI）。适配度指数表示模型假设的共同变异系数与样本之间的相似程度。GFI 值越接近 1，表明该模型的适配程度越高。通常 GFI 值需要大于 0.85，表明模型拟合可以被接受；GFI 值大于 0.9，表明模型拟合较好。由于 GFI 受样本量的影响较大，样本量越大，GFI 的值也就越大，所以适配度指数的使用一般需结合调整后适配度指数值。

（4）调整后适配度指数（Adjusted Goodness – of – Fit Index, AGFI）。调整后适配度指数表示考虑自由度情况下的适配度指数。一般而言，AGFI 大于 0.8 表明可以接受，大于 0.9 表明模型拟合良好。

（5）非标准拟合指标（NNFI）。非规范拟合指标在 AMOS 输出结果中以 TLI（Tuchker – Lewis Index）。NNFI 是在 NFI 基础上衡量拟合模型的改进程度。由于非标准拟合指标受样本量的影响较小，成为结构方程模型报告中最常引用的指标之一。一般而言，NNFI 大于 0.8 时表明模型拟合可以被接受，大于 0.9 时表明模型拟合良好。

（6）标准拟合指标（NFI）。标准拟合指标通过对比所提模型与其对应虚无模型间的卡方值差距，相比较于此虚无模型卡方值的一种比值。一般而言，NFI 大于 0.8 时表明模型拟合可以被接受，大于 0.9 时表明模型拟合良好。

(7) 比较适配指数（Comparative Fit Index，CFI）。比较适配指数通过假设模型与没有共变关系的独立模型相比较来反映拟合程度。CFI 和 RMSEA 一样都较少受样本量大小的影响，是一个相对理想的指数。一般而言，CFI 大于 0.8 时表明模型拟合可以被接受，大于 0.9 时表明模型拟合良好。

第二节　变量测量

测量量表直接影响研究的可靠性和有效性，而所选取的测量指标和题项对量表生成有直接影响，因此需要采取科学获取方法。研究变量的测量主要包括变量测量指标的设计和变量的操作化定义两个方面。本节将详细阐述变量测量指标的获取方法，并且在已有研究成果基础上，结合本书的实际研究需求和企业实地调研结果，对本书所涉及的变量进行操作化定义，通过具体可测量的题项形成测量指标，并经过科学获取方法形成用于大样本调查的正式调查问卷。

一　变量初始测量

测量量表直接影响研究的可靠性和有效性，而所选取的测量指标和题项对量表生成有直接影响，因此需要采取科学获取方法。本书的变量测量主要通过以下几种方式获得：第一，通过文献检索相关研究已被证实有效且具有普遍适用性的度量指标；第二，现有文献没有找到恰当指标，则根据现有的文献和本书对该构念的界定，归纳出该构念的主要特征作为测量题项；第三，由于研究的构念大多来自外文文献，为了保证量表题项的语义表达的准确性，对相关测量题项进行双向翻译，并根据我国供应链企业具体情况对量表题项进行相应修改形成初始问卷。

（一）技术新颖性的度量

技术新颖性根据 Tatikonda 和 Rosenthal（2000）、Parker 等（2008）的量表，选择 4 个题项测量技术新颖性，分别是：

①该产品制造流程各个阶段的工艺水平领先；

②产品各个零部件间的依附关系有很高的新颖性；

③该产品的各个制造阶段顺序有很高的新颖性；

④整体来说，产品技术具有很高的新颖性。

（二）产品模块化的度量

产品模块化测量参考 Hong 和 Hartley（2011）、Lau 等（2007）所开发的量表，从产品可分解性、接口兼容性、模块通用性、模块标准化四个方面来测量产品模块化，分别是：

①产品能被分解成不同的模块；

②我公司对于核心部件改变不需要其他部件的重新设计；

③产品的模块能被用于很多产品上；

④产品的模块已经标准化。

（三）资产专用性的度量

资产专用性反映制造企业对供应商进行非通用性投资的投入状况，所谓的资产专用性是指制造投资设备、资源给特定的供应商，这些设备和资源只能用于该供应商，因为有了专用性投资，会使得对方投机行为的可能性降低，因此资产专用性投资往往被视为一种有效的保护机制。采用 Jap（2001）的量表，选择 4 个题项测量资产专用性，分别是：

①如果我公司选择另一个供应商，将会损失很多为了维系其关系所进行的投资；

②我公司对该供应商进行大量投资来构建和维系关系；

③我公司进行非通用性投资是为了提高交易的效率；

④如果关系终止，我公司将会损失很多为了维系其关系所建立的知识体系。

（四）权威治理的度量

权威治理主要是指企业通过行为控制和资源控制等有效组织管理来实现企业既定目标，权威治理通过权力或权责机制的实行达到其想要的结果，目的是能够将网络组织间的政策清楚表达，也能够将对其不利的行为最小化。权威治理是介于长期契约关系和完全所有权关系之间的治理结构，是指制造企业和供应商之间建立相互依赖的联结关系，并相互渗透彼此的组织边界。正如 Heide（2003）指出的，当组织间完全整合不可行时，准整合可视为阶层的替代行为，能提供类似阶层的优势。本书的权威治理的构面通过李克特尺度能够测量出组织间阶层关系的程度。以 Heide（2003）的研究为基础，采用其 4 个题项：对供应商的产品流程和制造技术的决定程度；对供应商持续的设计和工艺改进决定程度；对供应商的库存水平决定程度；对供应商的供应商选择决定程度。并采用 Teimoury 等（2010）的一个题项，即对供应商质量控制程序的决定程度。因此，综合借鉴 Heide（2003）和 Teimoury 等（2010）的量表，共有 5 个题项，分别是：

①对供应商的产品流程和制造技术的决定程度；

②对供应商持续的设计和工艺改进的决定程度；

③对供应商的库存水平的决定程度；

④对供应商的供应商选择的决定程度；

⑤对供应商质量控制程序的决定程度。

（五）契约治理的度量

契约治理主要是指企业通过明确契约来抑制组织成员的机会主义行为，契约治理的测量综合 Caniëls 和 Gelderman（2010）、Burkert 等（2012）的量表，共有 4 个题项，分别是：

①组织间成员需要承担的责任有专门定制协议进行详细阐述；

②关于成员间如何接触和决策方面的条例和流程被制成正式文件；

③这些条例和流程被组织间成员所遵守；

④组织间成员的行为都会用契约来管理。

（六）规范治理的度量

规范治理主要是指企业依靠关系规范来影响组织成员间的行为。规范治理能够视为一个对于网络组织间更有利的程序去达到想要的结果，其目的是对不同且相互依赖的网络组织成员提供适当连接，使工作更为顺利，同时也能在组织间的作业流程或生产计划出了问题时，能够有效地做出协商及改变。其中规范治理的测量采用叶英斌和李岳儒（2012）的量表，共有 4 个题项，分别是：

①能提供及时准确的信息并投入时间进行沟通；

②能弹性修改协议，共同合作解决问题或冲突；

③有关议价和产品数量方面能协商出较一致的看法；

④在利益和成本方面的处理都是公平公正的。

（七）网络中心性的度量

网络中心性主要是指主导企业通过与供应商网络成员连接，并以较快速度获取和控制资源，取得重要影响地位的程度。网络中心性被看作是一个重要的网络特征，用于测量企业在网络中的重要性，并且常作为主导企业在网络拥有知识程度的指标。本书定义网络中心性为主导企业所处网络中，对网络其他成员的依赖性以及其他成员对主导企业的依赖性，进而影响其相对谈判能力的程度。网络中心性程度越高，访问网络其他成员的路径就越短，也获取较多的网络资源和知识，并且控制信息的流动，与其他潜在合作伙伴建立战略合作关系，促进企业接近和获取较多互补性资源，进而提高本身所拥有的优势地位。其中网络中心性借鉴 Gnyawali 和 Madhavan（2001）、Rowley 等（2000）和 Powell 等（1996）的量表，共有 5 个题项，分别是：

①我公司可以决定网络成员利益分配；

②相比网络中其他供应商来说，我公司整体而言在网络中占据关键地位；

③我公司在网络中享有较高声望；

④我公司在网络中被其他成员所依赖；

⑤我公司需要技术帮助时，通常能够从供应商那里获得新知识或经验。

（八）供应商弹性的度量

供应商弹性是指企业通过重塑供应基的有效性来响应外部环境变化的能力。供应商弹性被定义为用最小的代价在时间、努力、成本和绩效上快速应对网络供应成员变化的能力。在本书中，供应商弹性主要是供应商来源的弹性，是制造企业应对不确定性变化情况时，通过对合作伙伴在实践活动和政策上的平滑替换来实现网络弹性。其中供应商弹性的测量采用 Chu 等（2012）和 Liao 等（2010）的量表，共有 4 个题项，分别是：

①我公司能低成本替换供应商；
②我公司能短时间替换供应商；
③我公司替换供应商对于组件质量和设计没有影响；
④经常有新供应商进入网络。

（九）供应商关系紧密度的度量

供应商关系紧密度主要是指主导企业与供应商网络成员的互动频率、关系紧密和互惠程度。较高的供应商关系紧密度有利于制造企业与供应商之间、供应商与供应商之间建立较高水平的信任，有效减少沟通障碍，有利于知识的转移与共享。供应商关系紧密度会形成高度信任、承诺和相互之间开放式沟通的长期导向关系。其中供应商关系紧密度的测量采用 Teimoury 等（2011）、Srivastava 和 Singh（2010）的量表，共有 4 个题项，分别是：

①我公司与供应商彼此相互了解；
②我公司与供应商尽可能地相互提供所需要的信息；
③供应商能及时对企业要求做出灵活响应；
④我公司与供应商频繁进行非正式沟通。

（十）网络惯例的度量

网络惯例是网络成员对应内外部变化所建立规则和惯例程序。在供应商网络中，网络惯例强化网络成员对于网络相关程序的认知，并通过实际参与网络活动来积累基本的供应链知识和经验。网络惯例形成网络成员的参考框架，使得成员进一步积累更多内隐知识，使得网络成员对于整个供应商网络的相关知识有更全面的了解，也进一步增强吸收供应商网络相关知识的能力。网络惯例是网络成员间先前合作的经验，代表供应商网络相关知识和经验的存量，反映供应商网络成员对于供应链程序的知识、经验与熟悉的程度。其中网络惯例的测量采用 Ziggers 等（2011）和 Zollo 等

（2002）的量表，共有 5 个题项，分别是：

①我公司与供应商之间相互理解对方的企业行为；

②我公司与供应商之间具有相似的企业文化；

③我公司与供应商之间的协调方式非常清楚；

④我公司与供应商之间共享行为规范；

⑤在合作过程中有很多行为能够与供应商达成默契。

（十一）技术创新性的度量

技术创新性是指新产品所嵌入技术的创新程度，包括创新意图和技术的创新能力两个方面。技术创新性涉及企业技术创新的能力和反映企业倾向于支持和使用在新产品、服务和技术过程中产生的新想法。借鉴 Kock 等（2011）和 Antoncic 等（2007）的量表，共有 6 个题项，分别是：

①我公司所开发的新技术或新产品上市后广泛被运用的机会高；

②我公司经常引进可以改善流程和工艺的新技术；

③我公司经常开发一些能被市场接受的新产品或服务；

④我公司的新技术或新产品在市场上创造许多商机；

⑤我公司经常寻找新的技术方法，创造新的想法；

⑥我公司有效配置自身资源以促进创新活动。

二 变量测量修订

在对国内外相关学者研究的基础上，本书提取 49 个供应商网络治理的测量题项，然而由于这些测量变量和题项很大部分来源于西方已有的实证研究，由于不同国家的经济政策、文化、市场环境存在很大不同，如果一开始就套用国外有关中国制造企业对供应商网络的治理的研究，就很有可能陷入研究误区。因此，需要通过实地调研中国制造企业供应商网络管理的实际情况，才能更准确地展现供应商网络治理的现状，从而提供更有针对性的理论指导。

选择典型企业，进行小范围访谈，请求被访者对各构念的内涵认识、对题项设计的合理性和表述准确性发表意见，并对题项设计不足提出补充。同时，征求供应商管理研究领域 3 名教授和 6 名博士研究生的意见，通过对测量题项的探讨，删除冗余题项，根据反馈结果对容易产生歧义或意思表达不明确的问卷题项进行调整和修订，从而确保量表题项的语义表达的准确性和完整性。通过半结构化问题的研究设计，使用深度访谈法，选取陕西汽车集团有限责任公司、比亚迪股份有限公司、中联重科股份有限公司等 7 家典型制造企业为访谈对象。课题组对企业采购、供应链管理和研发相关部门的负责人进行了一小时左右的深度访谈。访谈中请受访者对本书所提取供应商网络治理测量题项及其反映的内涵提出意见和见解，验证能否准确刻画供应商网络的具体管理情况。

典型企业访谈和供应链研究领域专家的讨论结果表明，构念的初始量表具有较好的内容效度。除此之外，访谈对象和专家学者对题项的用语、表述方式提出完善意见。总体而言，量表题项设计充分，能有效测量构念的内涵。通过调研反馈，增加 3 个题项。关于供应商关系紧密度的测量，访谈对象提出要增加 1 个题项，即企业不会主动限制供应商之间进行接触。关于供应商弹性，访谈对象建议增加 1 个题项，即"我公司经常能依照客户紧急要求弹性生产"。关于网络中心性，访谈对象提出要增加 1 个题项，即"供应商选址考虑到企业地理位置"。综合企业访谈和专家讨论成果，对量表进行修订。文献和实地调研共获取测量题项 52 个。这些供应商网络治理要素被编制李克特 7 级量表，最终形成测量的初始问卷。修订后的测量量表如表 5-4 所示。

表 5-4　　　　　　　　　　修订后的测量量表

编号	题项内容	题项来源
技术新颖性	该产品制造流程各个阶段的工艺水平领先	Tatikonda 和 Rosenthal (2000) Parker 等 (2008)
	产品各个零部件间的依附关系有很高的新颖性	
	该产品的各个制造阶段顺序有很高的新颖性	
	整体来说，产品技术具有很高的新颖性	

续表

编号	题项内容	题项来源
产品模块化	产品能被分解成不同的模块	Hong 和 Hartley（2011） Lau 等（2007）
	我公司对于核心部件改变不需要其他部件的重新设计	
	产品的模块能被用于很多产品上	
	产品的模块已经标准化	
资产专用性	如果我公司选择另一个供应商，将会损失很多为维系其关系所进行的投资	Jap（2001）
	我公司对该供应商进行大量投资来构建和维系关系	
	我公司进行非通用性投资是为了提高交易的效率	
	如果关系终止，我公司将会损失很多为维系其关系所建立的知识体系	
权威治理	对供应商的产品流程和制造技术的决定程度	Heide（2003） Teimoury 等（2010）
	对供应商持续的设计和工艺改进的决定程度	
	对供应商的库存水平的决定程度	
	对供应商的供应商选择的决定程度	
	对供应商质量控制程序的决定程度	
契约治理	组织间成员需要承担的责任有专门定制协议进行详细阐述	Caniëls 和 Gelderman（2010） Burkert 等（2012）
	关于成员间如何接触和决策方面的条例和流程被制成正式文件	
	这些条例和流程被组织间成员所遵守	
	组织间成员的行为都会用契约来管理	
规范治理	能提供及时准确的信息并投入时间进行沟通	叶英斌和李岳儒（2012）
	能弹性修改协议，共同合作解决问题或冲突	
	有关议价和产品数量方面能协商出较一致的看法	
	在利益和成本方面的处理都是公平公正的	

续表

编号	题项内容	题项来源
网络中心性	我公司可以决定网络成员利益分配	Gnyawali 和 Madhavan（2001） Rowley 等（2000） Powell 等（1996） 企业访谈
	我公司在网络中享有较高声望	
	相比网络中其他供应商来说，我公司整体而言在网络中占据关键地位	
	我公司在网络中被其他成员所依赖	
	我公司需要技术帮助时，通常能够从供应商那里获得新知识或经验	
	供应商选址考虑到我公司地理位置	
供应商弹性	我公司能低成本替换供应商	Liao 等（2010） Chu 等（2012） 企业访谈
	我公司能短时间替换供应商	
	我公司替换供应商对于组件质量和设计没有影响	
	经常有新供应商进入网络	
	我公司经常能依照客户紧急要求弹性生产	
供应商关系紧密度	我公司与供应商彼此相互了解	Teimoury 等（2011） Srivastava 和 Singh（2010） 企业访谈
	我公司与供应商尽可能地相互提供所需要信息	
	供应商能及时对企业要求做出灵活响应	
	我公司与供应商频繁进行非正式沟通	
	我公司不会主动限制供应商之间进行接触	
网络惯例	我公司与供应商之间共享行为规范	Ziggers 等（2011） Zollo 等（2002）
	我公司与供应商之间具有相似的企业文化	
	我公司与供应商之间的协调方式非常清楚	
	我公司与供应商之间相互理解对方的企业行为	
	在合作过程中有很多行为能够与供应商达成默契	
技术创新性	我公司经常引进可以改善流程和工艺的新技术	Kock 等（2011） Antoncic 等（2007）
	我公司经常开发一些能被市场接受的新产品或服务	
	我公司的新技术在市场上创造许多商机	
	我公司所开发的新产品上市后广泛被运用的机会高	
	我公司经常寻找新的技术方法	
	我公司有效配置自身资源以促进创新活动	

三 变量测量的信度和效度评价

（一）预测试样本数据收集

从2012年3月至7月，课题组对陕西、北京、山东、福建、辽宁、甘肃6个省市356家代表性的制造企业进行了调研，问卷发放主要通过现场填写、邮寄和电子邮件相结合的方式，为了保证问卷回收质量，课题组通过3轮的问卷发放和多次沟通联系，共发放356份问卷，回收268份，剔除数据不全调查问卷42份，有效问卷为226份，有效问卷回收率为63.48%。调查企业样本基本情况如表5-5所示。

表5-5　　　　　　　调查企业样本基本情况

企业性质	频数	比例（%）	所属行业分类	频数	比例（%）
国有控股	88	38.94	交通运输设备制造	52	23.01
民营企业	65	28.76	电气机械及器材制造	40	17.70
中外合资	73	32.30	电子及通信设备制造	41	18.14
企业规模	频数	比例（%）	专用设备制造	25	11.06
400人以下	86	38.05	仪器仪表设备制造	28	12.39
400~2000人	62	27.43	通用设备制造	40	17.70
2000人以上	78	34.51			

（二）预测试样本数据评价

1. 效度分析

效度分析是为检验待测的构念是否真实可靠，待用的工具是否能真正测量待测的构念。根据调查问卷收集的数据对测量量表进行预测试，预测试是检验测量题项是否适宜的重要程序，主要目的在于了解测量题项的基本特征，本书使用探索性因子分析来判断测量题项的优劣，通过对构念测量量表进行信度和效度分析，对测量题项进行净化处理。对量表进行信度和效度评价：首先，运用探索性因子分析对量表进行结构效度评价，遵循相关准则，剔除不合格题项；其次，在剔除不合格题项的基础上，计算剩余题项的 Cronbach's α 系数值，检验量表的信度。如果量表剩余题项的 Cronbach's α 系数值大于 0.7，则表明量表的信度良好。

通过小样本数据的探索性因子分析，对概念模型中 11 个变量进行效度分析，对测量题项进行净化处理。在对量表题项进行探索性因子分析前，先运用 KMO 检验和 Bartlett 球形检验变量各题项是否适合做因子分析，检验结果如表 5-6 所示。检验结果显示，11 个变量的 KMO 值均大于 0.7。同时 11 个变量的 Bartlett 球形检验的相伴概率均为 0.000，表明所有变量都适合进行因子分析。

表 5-6　预测试中变量 KMO 检验和 Bartlett 球形检验

编号	变量	检验方法			
		KMO 检验	Bartlett 球形检验		
			近似 χ^2 值	自由度	相伴概率
1	技术新颖性	0.822	388.170	6	0.000
2	产品模块化	0.817	462.477	6	0.000
3	资产专用性	0.794	287.979	6	0.000
4	权威治理	0.907	1004.798	10	0.000
5	契约治理	0.850	577.430	6	0.000
6	规范治理	0.860	676.026	6	0.000
7	网络中心性	0.889	795.612	15	0.000
8	供应商弹性	0.835	755.720	10	0.000
9	供应商关系紧密度	0.884	646.243	10	0.000
10	网络惯例	0.829	579.699	10	0.000
11	技术创新性	0.910	1089.840	15	0.000

各变量探索性因子分析结果如表 5-7 至表 5-17 所示。其中，仅提取一个公共因子的变量，各测量题项的载荷均大于 0.5。对于提取两个公共因子的变量，运用方差极大法进行因子载荷矩阵旋转后，同属一个变量公共因子测量题项的最大载荷具有聚积性，表明量表具有较高的收敛效度。即相对于其他因子而言，同一变量的测量题项在相应的因子上的载荷值均大于 0.5。同时这些测量题项在其他公共因子上的载荷值均小于 0.5，表明各构念量表具有较好的区分效度。

表 5-7　预测试中技术新颖性构念探索性因子分析结果

编号	变量	题项号	因子载荷
1	技术新颖性	TN1	0.867
		TN2	0.839
		TN3	0.839
		TN4	0.796
	特征值		2.795
	方差贡献率（%）		69.864

表 5-8　预测试中产品模块化构念探索性因子分析结果

编号	变量	题项号	因子载荷
2	产品模块化	PM1	0.900
		PM2	0.861
		PM3	0.848
		PM4	0.800
	特征值		2.911
	方差贡献率（%）		72.769

表5-9　预测试中资产专用性构念探索性因子分析结果

编号	变量	题项号	因子载荷
3	资产专用性	AS1	0.848
		AS2	0.816
		AS3	0.795
		AS4	0.729
	特征值		2.548
	方差贡献率（%）		63.706

表5-10　预测试中权威治理构念探索性因子分析结果

编号	变量	题项号	因子载荷
4	权威治理	AG1	0.882
		AG2	0.923
		AG3	0.919
		AG4	0.917
		AG5	0.860
	特征值		4.054
	方差贡献率（%）		81.073

表5-11　预测试中契约治理构念探索性因子分析结果

编号	变量	题项号	因子载荷
5	契约治理	CG1	0.892
		CG2	0.871
		CG3	0.895
		CG4	0.881
	特征值		3.130
	方差贡献率（%）		78.254

表5-12　预测试中规范治理构念探索性因子分析结果

编号	变量	题项号	因子载荷
6	规范治理	NG1	0.906
		NG2	0.912
		NG3	0.910
		NG4	0.881
特征值			3.256
方差贡献率（%）			81.410

表5-13　预测试中网络惯例构念探索性因子分析结果

编号	变量	题项号	因子载荷	
			因子1	因子2
7	网络惯例	NR1	0.898	-0.042
		NR2	0.881	0.123
		NR3	0.894	0.060
		NR4	0.035	0.997
		NR5	0.851	-0.008
特征值			3.116	1.004
方差贡献率（%）			82.400	

表5-14　预测试中网络中心性构念探索性因子分析结果

编号	变量	题项号	因子载荷	
			因子1	因子2
8	网络中心性	NC1	0.891	0.012
		NC2	0.026	0.999
		NC3	0.887	-0.049
		NC4	0.855	0.057
		NC5	0.835	0.035
		NC6	0.885	0.055
特征值			3.797	1.002
方差贡献率（%）			79.983	

表5-15 预测试中供应商关系紧密度构念探索性因子分析结果

编号	变量	题项号	因子载荷
9	供应商关系紧密度	SRC1	0.817
		SRC2	0.842
		SRC3	0.874
		SRC4	0.841
		SRC5	0.851
特征值			3.570
方差贡献率（%）			71.404

表5-16 预测试中供应商弹性构念探索性因子分析结果

编号	变量	题项号	因子载荷	
			因子1	因子2
10	供应商弹性	SF1	0.909	-0.027
		SF2	0.923	0.069
		SF3	0.917	0.006
		SF4	0.012	1.000
		SF5	0.898	-0.001
特征值			3.326	1.003
方差贡献率（%）			86.584	

遵循结构效度评价规则，删除3个测量题项，具体如下：删除网络惯例构念的测量题项NR4，删除网络中心性的测量题项NC2，删除供应商弹性的测量题项SF4。这3个题项均自成一个因子，使得因子构成题项间没有内部一致性，故应删除。

表5-17　　预测试中技术创新性构念探索性因子分析结果

编号	变量	题项号	因子载荷
11	技术创新性	TI1	0.871
		TI2	0.884
		TI3	0.870
		TI4	0.886
		TI5	0.855
		TI6	0.860
特征值			4.554
方差贡献率（%）			75.896

2. 信度分析

在进行上述效度分析后，对保留下来的构念测量题项进行信度分析。运用 Cronbach's α 系数检验量表的内部一致性，检验结果如表5-18所示。所有量表的 Cronbach's α 系数值均大于 0.7，位于理想范围内，表明量表题项间具有良好的内部一致性，量表具有较高的信度。

经过上述效度分析和信度分析，删除测量量表的冗余题项，从而形成正式测量量表。基于这些正式量表，通过大样本调查收集数据，通过统计方法进行实证检验，并对研究结果进行讨论。

表5-18　　预测试中变量信度检验

编号	变量	题项个数	Cronbach's α 系数值
1	技术新颖性	4	0.854
2	产品模块化	4	0.871
3	资产专用性	4	0.808
4	权威治理	5	0.942
5	契约治理	4	0.906
6	规范治理	4	0.924

续表

编号	变量	题项个数	Cronbach's α 系数值
7	网络中心性	5	0.92
8	供应商弹性	4	0.932
9	供应商关系紧密度	5	0.900
10	网络惯例	4	0.903
11	技术创新性	6	0.936

第三节 研究数据的收集

一 描述性统计分析

本书的研究样本针对国内实施供应商网络的相关制造企业。样本的来源通过登录中国企业联合会、中国企业家协会等网站，整理出国内制造类企业名单。与这些企业的企业高管、技术主管和供应商管理人员等取得联系，请求他们组织本企业部门人员进行调查问卷填写，并委托他们负责回收调查问卷。为提高调查问卷回收率并保证回收质量，在发放调查问卷过程中通过电话、电子邮件等方式与被调查对象保持联系，并解释调查问卷中专用名词的含义。同时，对于个别不知答案的题项，请他们和部门经理、主管联系。为了保证研究结论的普适性，本书选择不同性质的企业，包括国有控股企业、民营企业、中外合资企业、外商独资企业。其中所涉及的行业都不同程度地需要供应商提供零部件支持，实施供应商网络管理经验丰富，包括交通运输设备制造、电气机械及器材制造、电子及通信设备制造、专用设备制造、仪器仪表设备制造、通用设备制造等行业。

本次调研从2013年9月至2014年4月，历时8个月，课题组对陕西、北京、山东、吉林、河南、福建、辽宁、山西、浙江、甘肃、湖北11省市652家代表性的制造企业进行了调研，问卷发放主要通过现场填写、邮寄和电子邮件相结合的方式，为了保证问卷回收质量,课题组通过 2 轮的问卷发放和多次沟通联系,发放 652 份调查问卷,收回 476 份调查问卷,其中剔除无效样本 21 份,有效问卷回收 455 份,有效率为 69.785%。通过 SPSS 18.0 对有效问卷进行描述性统计分析,对样本的基本资料统计分析来描述样本的具体情况。

(一)受试者的基本情况

由表 5-19 可知,问卷填写者中,企业高管占 8.6%,部门经理占 9.2%,项目经理占 20.4%,技术主管占 14.1%,采购人员占 25.3%,供应商管理人员占 22.4%,与供应商网络关系密切的相关人员包括项目经理、采购人员、供应商管理人员、技术主管的总和占 82.2%,符合研究需要。问卷填写者一般多在企业工作 5 年以上,本次调查中工作年限 1~5 年的占 9.9%,6~10 年的占 40.2%,11~15

表 5-19　　　　问卷受试人员特征分布（$n=455$）

		频率（人）	百分比（%）	有效百分比（%）	累积百分比（%）
工作职务	企业高管	39	8.6	8.6	8.6
	部门经理	42	9.2	9.2	17.8
	项目经理	93	20.4	20.4	38.2
	技术主管	64	14.1	14.1	52.3
	采购人员	115	25.3	25.3	77.6
	供应商管理人员	102	22.4	22.4	100
工作年限	1~5 年	45	9.9	9.9	9.9
	6~10 年	183	40.2	40.2	50.1
	11~15 年	87	19.1	19.1	69.2
	16~20 年	96	21.1	21.1	90.3
	20 年以上	44	9.7	9.7	100
学历	高中及以下	49	10.8	10.8	10.8
	大专	104	22.9	22.9	33.6
	本科	154	33.8	33.8	67.5
	硕士及以上	148	32.5	32.5	100

年的占19.1%，16~20年的占21.1%，20年以上的占9.7%。其中，工作6~10年的占比最大，5年以上工作年限的占90.1%，受调查人员在企业的工作时间较长，更能掌握企业供应商网络管理的实际情况，并在供应商管理活动中承担重要工作，有一定供应商管理经验，符合研究需要。问卷填写者多为大专以上学历，占89.2%，问卷填写者高学历所占比例较大，这些人大多有一定的供应商网络管理经验，符合研究需要。

（二）被调查企业的基本情况

由表5-20可知，受调查企业中，企业人员在400人以下的占18.5%，400~2000人的占44.4%，2000人以上的占37.1%，基本反映制造企业的实际情况，符合研究需要。企业性质参考国家统计局相关分类标准，由表5-20可知，国有控股企业占22.2%，民营企业占24.4%，中外合资企业占21.1%，外商独资企业占15.8%，股份制企业占16.5%。样本在制造行业中的分布基本反映实际情况，符合研究需要。受调查企业所属行业中，交通运输设备制造占32.7%，电气机械及器材制造占14.5%，电子及通信设备制造占19.3%，专用设备制造占11.6%，仪器仪表设备制造占7.9%，通用设备制造占10.5%，因此，各制造行业类型所占比例相对均衡，基本能反映中国制造企业的实际情况，符合研究需要。

总体而言，本次受调查企业和问卷填写者符合问卷填写要求，问卷调查样本结构相对理想，调研所获取数据能基本反映我国现阶段制造企业供应商网络管理的实际情况。

表5-20　　问卷受试人员所在企业特征分布（n=455）

		频率	百分比（%）	有效百分比（%）	累积百分比（%）
企业规模	400人以下	84	18.5	18.5	18.5
	400~2000人	202	44.4	44.4	62.9
	2000人以上	169	37.1	37.1	100

续表

		频率	百分比(%)	有效百分比(%)	累积百分比(%)
企业性质	国有控股	101	22.2	22.2	22.2
	民营	111	24.4	24.4	46.6
	中外合资	96	21.1	21.1	67.7
	外商独资	72	15.8	15.8	83.5
	股份制（非国有控股）	75	16.5	16.5	100
行业类型	交通运输设备制造	149	32.7	32.7	32.7
	电气机械及器材制造	66	14.5	14.5	47.3
	电子及通信设备制造	88	19.3	19.3	66.6
	专用设备制造	53	11.6	11.6	78.2
	仪器仪表设备制造	36	7.9	7.9	86.2
	通用设备制造	48	10.5	10.5	96.7
	其他制造业	15	3.3	3.3	100

二 问卷调查的有效性控制

为了保证问卷的有效性和较高的回收率，课题组采取了以下控制措施：

（一）问卷设计的控制

为了保证问卷设计的有效性，问卷的构念主要是借鉴与本书相关的研究文献或已有的研究成果，在此基础上对相关测量题项进行翻译，并根据企业具体情况对量表题项进行相应修改形成初始问卷。为保证问卷的质量，对初始问卷进行小规模预测试，根据试问卷反馈结果对容易产生歧义或意思表达不明确的问卷题项进行调整和修订，最终形成用于大样本调查的正式问卷。这个过程保证本问卷所测量题项具有很好的内容效度。

（二）问卷发放者的控制

课题组成员对课题的调研内容熟悉，同时加强问卷发放成员的面谈和电话沟通技巧以及问卷收集过程中应注意问题的培训。小组成员需要对受试者提供问卷的简要说明，并保证研究结果用于学术研究，承诺对填写者提供信息保密，从而保证问卷较高的回收率和有效率。

（三）调查过程的控制

问卷的发放和收集主要通过现场填写、邮寄和电子邮件相结合的方式。针对陕西省及其周边的企业，课题组事先与企业联系人预约，告知调研的目的和所需要时间，在得到肯定答复后，课题组对企业进行调研，并现场发放问卷，在调研企业要求的情况下承诺把问卷分析结果中有价值部分反馈给他们，从而提高问卷回收的质量。对于不能现场调研的企业，通过邮寄和电子邮件方式发放和收集问卷。为了保证问卷回收质量，与被调查企业的联系尽可能通过导师介绍和相关行业工作的朋友、同学和校友的推荐，课题组通过2轮的问卷发放和多次沟通联系，以保证调研质量。

（四）筛选问卷的控制

在多次沟通联系以后，对于回收问卷中存在问卷问答缺失题项较多的视为无效问卷。此外，问卷选择题项具有明显的趋同、数值不符合正常规律，说明受试者答题过于随意，视为无效问卷。

第四节 测量质量评估

本书通过问卷调查方法收集455份有效样本，尽管在问卷收集过程中，采用相应的措施保证样本的质量，但在实证分析之前，对样本数据进行有效性分析。本书共涉及8个构念的测量，分别是权威治理、契约治理、规范治理、网络中心性、供应商弹性、供应商关系紧密度、网络惯例、技术创新性，对量表的11个构念进行信效度分析。

一 量表的信度分析

本书的信度分析通过 Cronbach's α 系数和组合信度来检验各个构念的题项内部一致性和稳定性。本书通过 SPSS 18.0 对量表进行信度分析。由表5-21可以看出,本书所有构念的Cronbach's α系数都大于0.8,组合信度大于0.7,表明量表的信度良好。

表5-21 量表信度检验结果

构念	题项	校正的项总计相关性	项已删除的α值	构念的α系数值	CR	AVE
技术新颖性	TN1	0.705	0.855	0.878	0.8789	0.6449
	TN2	0.775	0.829			
	TN3	0.724	0.849			
	TN4	0.745	0.840			
产品模块化	PM1	0.783	0.859	0.895	0.8939	0.6802
	PM2	0.820	0.845			
	PM3	0.763	0.868			
	PM4	0.711	0.886			
资产专用性	AS1	0.694	0.837	0.866	0.9428	0.8048
	AS2	0.784	0.799			
	AS3	0.709	0.831			
	AS4	0.676	0.844			
权威治理	AG1	0.826	0.939	0.947	0.9311	0.7303
	AG2	0.883	0.929			
	AG3	0.876	0.930			
	AG4	0.879	0.930			
	AG5	0.806	0.942			
契约治理	CG1	0.820	0.892	0.918	0.8862	0.6606
	CG2	0.805	0.895			
	CG3	0817	0.891			
	CG4	0.809	0.895			
规范治理	NG1	0.817	0.900	0.922	0.892	0.6738
	NG2	0.829	0.896			
	NG3	0.837	0.893			
	NG4	0.800	0.906			

续表

构念	题项	校正的项总计相关性	项已删除的α值	构念的α系数值	CR	AVE
供应商关系紧密度	SRC1	0.734	0.900	0.911	0.8828	0.6014
	SRC2	0.792	0.888			
	SRC3	0.816	0.883			
	SRC4	0.775	0.892			
	SRC5	0.758	0.895			
网络惯例	NR1	0.820	0.876	0.911	0.8764	0.6395
	NR2	0.791	0.887			
	NR3	0.810	0.880			
	NR4	0.777	0.894			
供应商弹性	SF1	0.811	0.893	0.918	0.8851	0.6583
	SF2	0.816	0.892			
	SF3	0.826	0.888			
	SF4	0.792	0.900			
网络中心性	NC1	0.604	0.780	0.816	0.823	0.582
	NC2	0.656	0.766			
	NC3	0.607	0.779			
	NC4	0.649	0.767			
	NC5	0.518	0.805			
技术创新性	TI1	0.813	0.925	0.937	0.9208	0.6597
	TI2	0.837	0.922			
	TI3	0.828	0.923			
	TI4	0.811	0.925			
	TI5	0.799	0.927			
	TI6	0.784	0.929			

二 量表的效度分析

(一) 各个构念量表的效度分析

1. 技术新颖性的验证性因子分析

技术新颖性共有 TN1、TN2、TN3 和 TN4 四个测量题项。使用 AMOS 18.0 进行验证性因子分析，各题项的残差都为正数。其中，CR 值为 0.879，AVE 值为 0.645，大于 0.5，表明模型的聚合效度良好。模型的拟合度指标卡方自由度比等于 1.672，小于 3，在合理区间范围内，RMSEA 等于 0.061，小于 0.08 的标准，可以接受，GFI 等于 0.986，AGFI 等于 0.913，均大于 0.9，符合评价标准要求，表明模型拟合良好。另外，所有操作变量因子载荷均在 0.001 水平上显著，标准化的因子载荷值都大于 0.5。表明技术新颖性的验证性因子分析测量模型具有良好的结构效度和聚合效度（见图 5-2、表 5-22）。

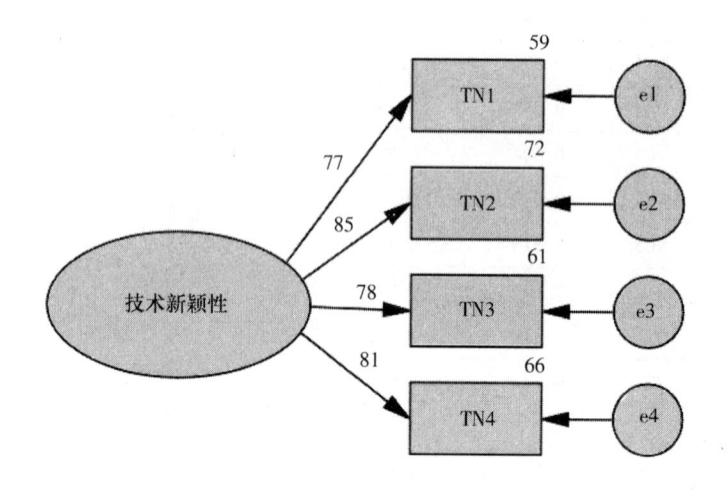

图 5-2 技术新颖性的验证性因子分析

表 5-22　　　　　技术新颖性的验证性分析结果

	Standardized Estimate	Estimate	S. E.	CR	P
TN1 < - - - TN	0.771	1.000			
TN2 < - - - TN	0.849	1.090	0.060	18.210	***
TN3 < - - - TN	0.781	1.058	0.063	16.760	***
TN4 < - - - TN	0.809	1.133	0.065	17.412	***

2. 产品模块化的验证性因子分析

产品模块化共有 PM1、PM2、PM3 和 PM4 四个测量题项。使用 AMOS 18.0 进行验证性因子分析，各题项的残差都为正数。其中，CR 值为 0.894，AVE 值为 0.680，大于 0.5，表明模型的聚合效度良好。模型的拟合度指标卡方自由度比等于 2.17，小于 3，在合理区间范围内，RMSEA 等于 0.051，小于 0.08 的标准，可以接受，GFI 等于 0.926，AGFI 等于 0.909，均大于 0.9，符合评价标准要求，表明模型拟合良好。另外，所有操作变量因子载荷均在 0.001 水平上显著，标准化的因子载荷值都大于 0.5。表明产品模块化的验证性因子分析测量模型具有良好的结构效度和聚合效度（见图 5-3、表 5-23）。

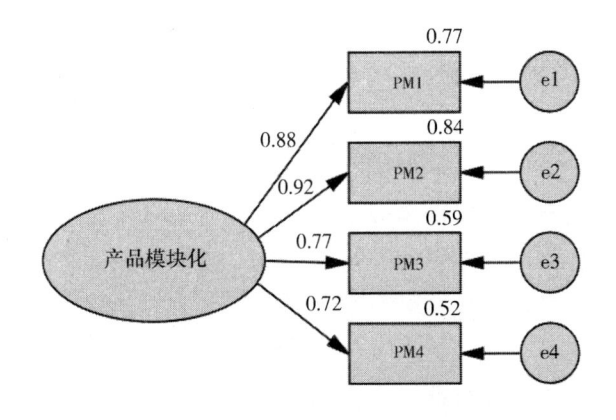

图 5-3　产品模块化的验证性因子分析

表 5-23　　　　　　产品模块化的验证性分析结果

	Standardized Estimate	Estimate	S. E.	CR	P
PM1 <---PM	0.88	1			
PM2 <---PM	0.918	1.11	0.042	26.129	***
PM3 <---PM	0.767	0.798	0.04	19.98	***
PM4 <---PM	0.718	0.828	0.046	18.039	***

3. 资产专用性的验证性因子分析

资产专用性共有 AS1、AS2、AS3 和 AS4 四个测量题项。使用 AMOS 18.0 进行验证性因子分析，各题项的残差都为正数。其中，CR 值为 0.943，AVE 值为 0.81，大于 0.5，表明模型的聚合效度良好。模型的拟合度指标卡方自由度比等于 1.267，小于 3，在合理区间范围内，RMSEA 等于 0.031，小于 0.08 的标准，可以接受，GFI 等于 0.989，AGFI 等于 0.976，均大于 0.9，符合评价标准要求，表明模型拟合良好。另外，所有操作变量因子载荷均在 0.001 水平上显著，标准化的因子载荷值都大于 0.5。表明资产专用性的验证性因子分析测量模型具有良好的结构效度和聚合效度（见图 5-4、表 5-24）。

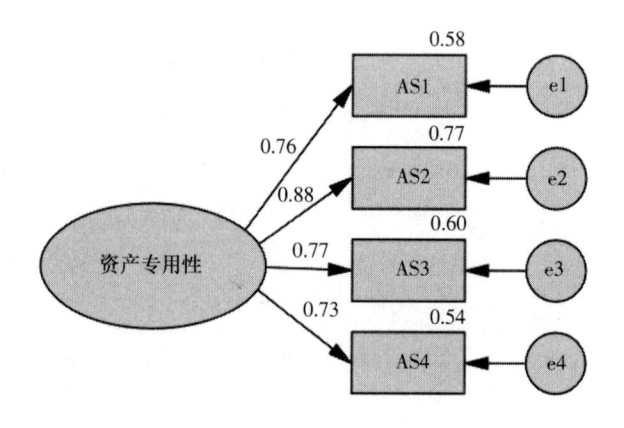

图 5-4　资产专用性的验证性因子分析

表5-24　　　　　　　资产专用性的验证性分析结果

	Standardized Estimate	Estimate	S. E.	CR	P
AS1 < - - - AS	0.853	1.000			
AS2 < - - - AS	0.914	1.105	0.041	27.073	***
AS3 < - - - AS	0.909	1.082	0.040	26.777	***
AS4 < - - - AS	0.911	1.121	0.042	26.877	***

4. 权威治理的验证性因子分析

权威治理共有AG1、AG2、AG3、AG4和AG5五个测量题项。使用AMOS 18.0进行验证性因子分析，各题项的残差都为正数。其中，CR值为0.931，AVE值为0.73，大于0.5，表明模型的聚合效度良好。模型的拟合度指标卡方自由度比等于1.56，小于3，在合理区间范围内，RMSEA等于0.035，小于0.08的标准，可以接受，GFI等于0.993，AGFI等于0.979，均大于0.9，符合标准要求，表明模型拟合良好。另外，所有操作变量因子载荷均在0.001水平上显著，标准化的因子载荷值都大于0.5。表明权威治理的验证性因子分析测量模型具有良好的结构效度和聚合效度（见图5-5、表5-25）。

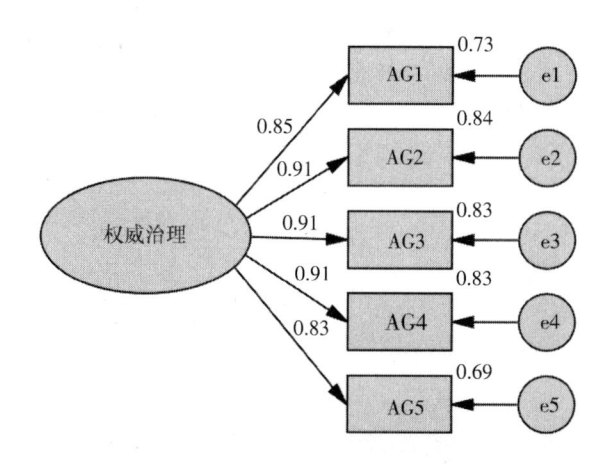

图5-5　权威治理的验证性因子分析

表5-25　　　　　权威治理的验证性分析结果

	Standardized Estimate	Estimate	S.E.	CR	P
AG1 <---AG	0.853	1.000			
AG2 <---AG	0.914	1.105	0.041	27.073	***
AG3 <---AG	0.909	1.082	0.040	26.777	***
AG4 <---AG	0.911	1.121	0.042	26.877	***
AG5 <---AG	0.830	.964	0.042	22.681	***

5. 规范治理的验证性因子分析

规范治理共有NG1、NG2、NG3和NG4四个测量题项。使用AMOS 18.0进行验证性因子分析，各题项的残差都为正数。其中，CR值为0.892，AVE值为0.674。模型的拟合度指标卡方自由度比等于2.897，小于3，在合理区间范围内，RMSEA等于0.065，小于0.08，可以接受，GFI等于0.993，AGFI等于0.967，均大于0.9，符合评价标准要求，表明模型拟合良好。另外，所有操作变量因子载荷均在0.001水平上显著，标准化的因子载荷值都大于0.5。综上所述，表明规范治理的验证性因子分析测量模型具有良好的结构效度和聚合效度（见图5-6、表5-26）。

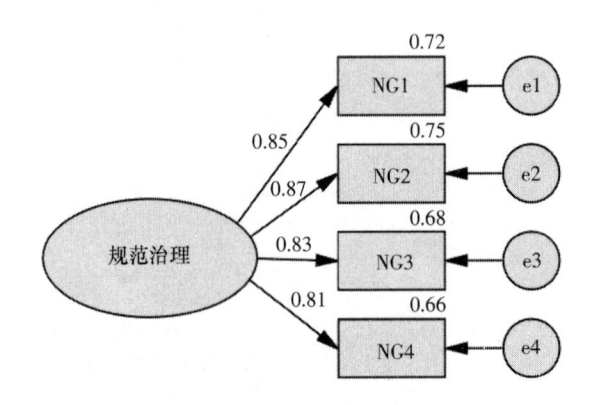

图5-6　规范治理的验证性因子分析

表 5-26　　　　　　规范治理的验证性分析结果

	Standardized Estimate	Estimate	S.E.	CR	P
NG1 <---NG	0.848	1.000			
NG2 <---NG	0.866	1.059	0.047	22.457	***
NG3 <---NG	0.826	1.012	0.048	20.985	***
NG4 <---NG	0.811	0.975	0.048	20.463	***

6. 契约治理的验证性因子分析

契约治理共有 CG1、CG2、CG3 和 CG4 四个测量题项。使用 AMOS 18.0 进行验证性因子分析，各题项的残差都为正数。其中，CR 值为 0.886，AVE 值为 0.661。模型的拟合度指标卡方自由度比等于 1.047，小于 3，在合理区间范围内，RMSEA 等于 0.01，远远小于 0.08，GFI 等于 0.998，AGFI 等于 0.989，均大于 0.9，符合评价标准要求，表明模型拟合良好。另外，所有操作变量因子载荷均在 0.001 水平上显著，标准化的因子载荷值都大于 0.5。表明契约治理的验证性因子分析测量模型具有良好的结构效度和聚合效度（见图 5-7、表 5-27）。

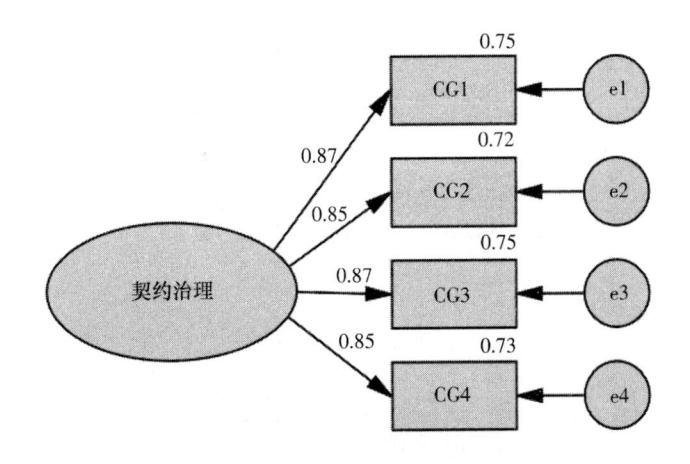

图 5-7　契约治理的验证性因子分析

表 5–27　　　　契约治理的验证性分析结果

	Standardized Estimate	Estimate	S. E.	CR	P
CG1 <---CG	0.868	1			
CG2 <---CG	0.851	1.08	0.046	23.344	***
CG3 <---CG	0.865	1.085	0.045	24.011	***
CG4 <---CG	0.854	1.113	0.047	23.491	***

7. 网络中心性的验证性因子分析

网络中心性共有 NC1、NC2、NC3、NC4 和 NC5 五个测量题项。使用 AMOS 18.0 进行验证性因子分析，各题项的残差都为正数。其中，CR 值为 0.823，AVE 值为 0.582，大于 0.5，表明模型的聚合效度良好。模型的拟合度指标卡方自由度比等于 2.336，小于 3，在合理区间范围内，RMSEA 等于 0.08，可以接受，GFI 等于 0.979，AGFI 等于 0.937，大于 0.09，符合评价标准要求，表明模型拟合良好。另外，所有操作变量因子载荷均在 0.001 水平上显著，标准化的因子载荷值都大于 0.5。表明网络中心性的验证性因子分析测量模型具有良好的结构效度和聚合效度（见图 5–8、表 5–28）。

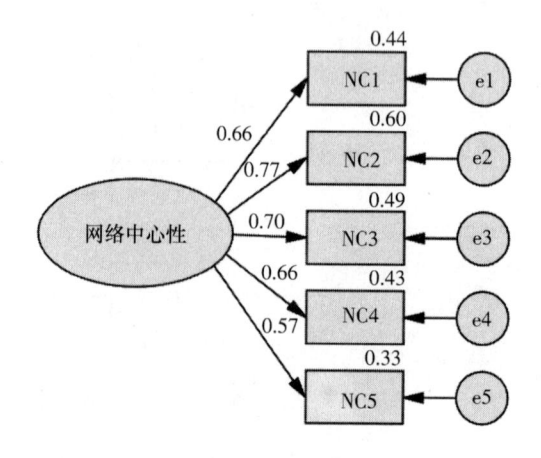

图 5–8　网络中心性的验证性因子分析

表 5-28　　网络中心性的验证性分析结果

	Standardized Estimate	Estimate	S. E.	CR	P
NC1 <--- NC	0.662	1			
NC2 <--- NC	0.773	1.122	0.13	8.618	***
NC3 <--- NC	0.702	1.101	0.136	8.121	***
NC4 <--- NC	0.656	1.002	0.13	7.727	***
NC5 <--- NC	0.573	0.919	0.133	6.919	***

8. 供应商弹性的验证性因子分析

供应商弹性共有 SF1、SF2、SF3 和 SF4 四个测量题项。使用 AMOS 18.0 进行验证性因子分析，各题项的残差都为正数。其中，CR 值为 0.885，AVE 值为 0.658。模型的拟合度指标卡方自由度比等于 2.96，小于 3，在合理范围内，GFI 等于 0.987，AGFI 等于 0.937，大于 0.9，符合评价标准要求，RMSEA 等于 0.089，虽然大于 0.08，但结合其他指标，也可被认为是合理的，模型拟合较好。另外，所有操作变量因子载荷均在 0.001 水平上显著，标准化的因子载荷值都大于 0.5。表明供应商弹性的验证性因子分析测量模型具有良好的结构效度和聚合效度（见图 5-9、表 5-29）。

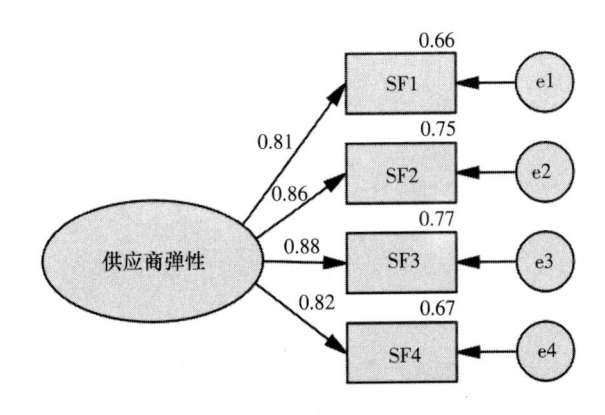

图 5-9　供应商弹性的验证性因子分析

表5-29　　　　　供应商弹性的验证性分析结果

	Standardized Estimate	Estimate	S. E.	CR	P
SF1 <---SF	0.81	1			
SF2 <---SF	0.864	0.984	0.064	15.46	***
SF3 <---SF	0.877	1.029	0.065	15.744	***
SF4 <---SF	0.817	1.005	0.07	14.374	***

9. 供应商关系紧密度的验证性因子分析

供应商关系紧密度共有 SRC1、SRC2、SRC3、SRC4 和 SRC5 五个测量题项。使用 AMOS 18.0 进行验证性因子分析，各题项的残差都为正数。其中，CR 值为 0.883，AVE 值为 0.601。模型的拟合度指标卡方自由度比等于 1.726，小于 3，在合理范围内，RMSEA 等于 0.04，小于 0.08，可以接受，GFI 等于 0.992，AGFI 等于 0.977，大于 0.9，符合评价标准要求，表明模型拟合良好。另外，所有操作变量因子载荷均在 0.001 水平上显著，标准化的因子载荷值都大于 0.5。表明供应商关系紧密度的验证性因子分析测量模型具有良好的结构效度和聚合效度（见图 5-10、表 5-30）。

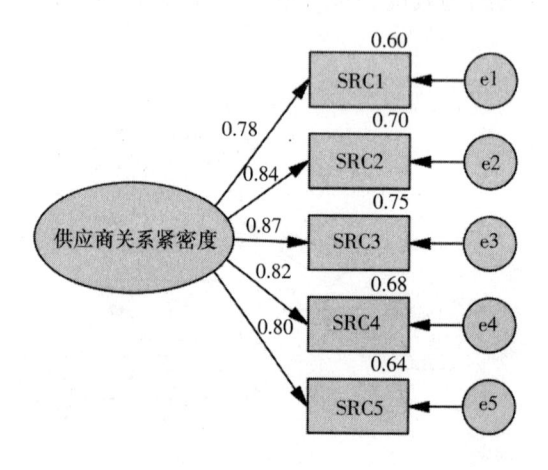

图 5-10　供应商关系紧密度的验证性因子分析

表 5-30　　　　供应商关系紧密度的验证性分析结果

	Standardized Estimate	Estimate	S. E.	CR	P
SRC1 <--- SRC	0.775	1.000			
SRC2 <--- SRC	0.837	1.148	0.060	19.072	***
SRC3 <--- SRC	0.867	1.200	0.060	19.894	***
SRC4 <--- SRC	0.822	1.074	0.058	18.662	***
SRC5 <--- SRC	0.801	1.073	0.059	18.094	***

10. 网络惯例的验证性因子分析

网络惯例共有 NR1、NR2、NR3 和 NR4 四个测量题项。使用 AMOS 18.0 进行验证性因子分析，各题项的残差都为正数。其中，CR 值为 0.876，AVE 值为 0.64，大于 0.5，表明模型的聚合效度好。模型的拟合度指标卡方自由度比等于 2.828，小于 3，在合理区间范围内，RMSEA 等于 0.079，小于 0.08，符合标准要求，可以接受，GFI 等于 0.99，AGFI 等于 0.951，均大于 0.9，符合评价标准要求，表明模型拟合良好。另外，所有操作变量因子载荷均在 0.001 水平上显著，标准化的因子载荷值都大于 0.5。综上所述，表明网络惯例的验证性因子分析测量模型具有良好的结构效度和聚合效度（见图 5-11、表 5-31）。

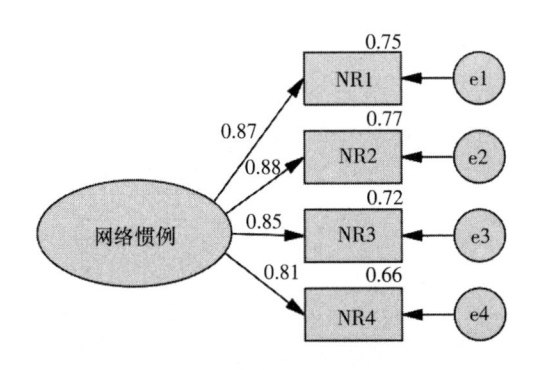

图 5-11　网络惯例的验证性因子分析

表5－31　　　　　网络惯例的验证性分析结果

	Standardized Estimate	Estimate	S. E.	CR	P
NR1 <---NR	0.866	1			
NR2 <---NR	0.879	0.904	0.047	19.146	***
NR3 <---NR	0.849	0.909	0.05	18.119	***
NR4 <---NR	0.81	0.969	0.058	16.777	***

11. 技术创新性的验证性因子分析

技术创新性共有 TI1、TI2、TI3、TI4、TI5 和 TI6 六个测量题项。使用 AMOS 18.0 进行验证性因子分析，各题项的残差都为正数。其中，CR 值为 0.921，AVE 值为 0.66。模型的拟合度指标卡方自由度比等于 2.096，RMSEA 等于 0.07，GFI 等于 0.971，AGFI 等于 0.933，符合评价标准要求，表明模型拟合良好。另外，所有操作变量因子载荷均在 0.001 水平上显著，标准化的因子载荷值都大于 0.5。表明技术创新性的验证性因子分析测量模型具有良好的结构效度和聚合效度（见图5－12、表5－32）。

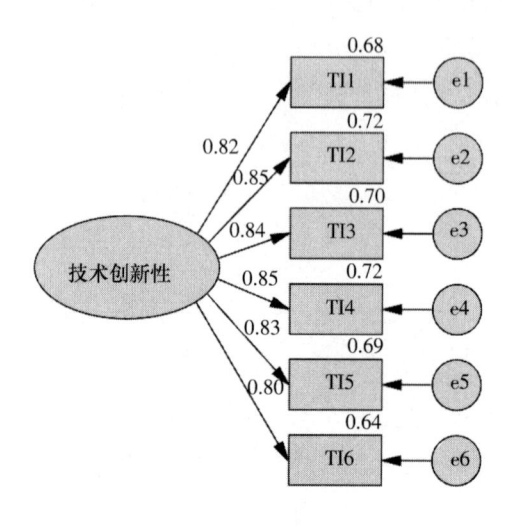

图5－12　技术创新性的验证性因子分析

表 5-32　　　　　　　　技术创新性的验证性分析结果

	Standardized Estimate	Estimate	S. E.	CR	P
TI1 <- - - TI	0.824	1			
TI2 <- - - TI	0.848	1.072	0.071	15.194	***
TI3 <- - - TI	0.839	1.025	0.068	14.962	***
TI4 <- - - TI	0.847	1.02	0.067	15.161	***
TI5 <- - - TI	0.83	0.991	0.067	14.707	
TI6 <- - - TI	0.798	0.977	0.07	13.879	

（二）整体量表的验证性因子分析（见图 5-13）

区别效度的检验方法有两种：第一种是通过相关分析得到，变量间的相关系数如果小于0.75可以被接受，对概念模型11个变量之间的相关关系进行检验，以判断变量之间是否存在显著相关性，变量之间的相关系数和显著性水平，而在本书中，如表5-15所示只有一个值为0.706，超过0.7，其余都远远小于0.75，显示区别效度良好；第二种方法是通过对比AVE的平方根与各变量之间的相关系数来检测区别效度，从表5-33可以看出，每个变量的平均变异抽取值的平方根都大于对应变量之间的相关系数，显示有很好的区别效度。综合自变量权威治理、规范治理、契约治理、网络中心性、供应商弹性、供应商关系紧密度、网络惯例和因变量技术创新性各变量间的相关系数，以及相关系数与AVE的平方根关系来看，量表各变量间具有很好的区别效度。因此，可以进行下一步的分析。

根据前面对各构念的因子分析和验证结果，采用AMOS 18.0对量表整体数据进行验证性因子分析。模型拟合指数中而模型适配结果是卡方自由度比值为1.616，小于3，在合理区间范围内，RMSEA等于0.037，小于0.05，而GFI等于0.898，AGFI等于0.881，NNFI等于0.969，CFI等于0.972，表明本书的11个构念结构模型的拟合较好。

表 5-33　　　　　　　相关性系数表和区别效度

	1	2	3	4	5	6	7	8	9	10	11
1. TN	0.803										
2. PM	0.507	0.825									
3. AS	0.334	0.304	0.897								
4. AG	0.118	0.248	0.280	0.855							
5. CG	0.362	0.277	0.419	-0.102	0.813						
6. NG	0.457	0.372	0.288	-0.118	0.519	0.821					
7. NC	0.453	0.551	0.293	0.118	0.392	0.505	0.763				
8. SF	-0.083	-0.020	0.124	0.286	0.140	0.110	0.243	0.811			
9. SRC	0.225	0.109	0.184	-0.244	0.442	0.400	0.270	0.181	0.776		
10. NR	0.278	0.247	0.256	-0.094	0.497	0.551	0.491	0.316	0.399	0.801	
11. TI	0.504	0.354	0.252	-0.306	0.587	0.706	0.442	-0.125	0.515	0.415	0.812

注：表中左下方数值为各构念间的相关系数，对角线为 AVE 的平方根。

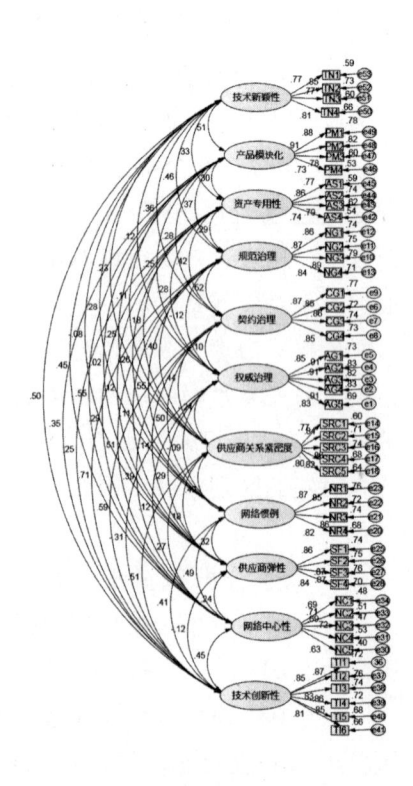

图 5-13　整体量表的验证性因子分析

三 数据共同方法变异检验

共同方法变异（Common Method Variance，CMV）是指测量方法的单一性造成所测变量所代表的关系的变异，在数据收集过程中，如果所有测量的变量的数据来源于受调查者的自我报告，自变量、因变量和其他变量都来源于同一数据便会产生共同方法变异的问题（陈晓萍等，2008）。本书采用事前预先设计和事后检验两个方面避免共同方法变异的问题。第一，隐去问卷题项所测量的具体意义，避免答题者对于题项测量目的的推测；第二，采用匿名方式，减少顾虑，使得答题者更能安心填写问卷；第三，在调查人员选择上，采用不同职位的调查者群体，通过测量来源多元化来减少共同方法变异。

由于采用问卷法，所有测量数据来源于同一个被调查者，因此可能存在共同方法变异的问题，进而可能产生变量间关系高估或低估的现象。本书参考 Podsakoff 和 Organ（1986）推荐方法，事后检验问卷是否存在共同方法变异的现象。先采用 Harman（时间？）单因素测试法，将测量变量的所有题项进行探索性因子分析，显示无论采用限定单一因子或是抽取特征根方法，都不能提取单一因子，可以判定样本没有出现严重的共同方法变异情况。为了进一步检测共同方法变异问题，本书将所有题项设定为单一因素，通过验证性因子分析来检测模型的适配性。如果所有题项测量的共变量受到方法变异的影响较大，单一因子验证性因子分析模型将会出现很好的适配，而模型最终不能运行单一因子验证性因子分析，模型适配结果是 CMIN/DF 等于 21.846，GFI 等于 0.199，AGFI 等于 0.154，RMSEA 等于 0.214，所有模型适配度指标都远远未达到判断标准，显示单一因子分析的模型适配度极差。因此，本书共同方法变异的问题不明显，并不影响相关变量间关系结论的可靠性。

第五节　本章小结

本章从分析方法、变量测量、研究数据的收集、信效度检验四个方面进行阐述。阐述统计分析中将要使用的统计方法，根据相关理论提出了相关变量的测量题项，严格遵循科学的程序进行数据收集，对数据收集过程进行描述，并对数据进行信效度检验来验证数据的质量，概念模型中各构念的测量量表信效度良好，说明通过大样本调查所获数据质量较好，各项适配度指标良好，可以进一步进行实证检验和分析，为得到有效的研究结论奠定了基础。

第六章 数据分析与结果讨论

旨在对概念模型进行拟合分析，并对研究假设进行检验，以验证第四章进行的理论分析和研究假设是否符合企业实际。运用AMOS软件对研究提出的整体模型及相关假设进行检验，对概念模型进行拟合分析，并对研究结果进行讨论。

第一节 供应商网络治理机制前置因素的影响检验

一 基本模型检验

运用AMOS 18.0来构建供应商网络治理机制的前置因素影响的结构方程模型，通过验证模型的拟合程度来验证本书所提出来的假设模型，拟合结果如图6-1所示。

由图6-1可知，技术新颖性、产品模块化、资产专用性、权威治理、契约治理、规范治理六个变量的标准化载荷系数均在0.001水平上显著，标准化的因子载荷值都大于0.5。表6-1所示为整体结构模型拟合分析的结果。模型的拟合度指标卡方自由度比等于2.189，介于1和3之间，表明样本数据和假设模型拟合。其他模型适配度指标，RMSEA等于0.045，GFI等于0.905，AGFI等于0.882，NNFI等于0.958，CFI等于0.963，各项常用拟合指标均达到理想数值要求，表明该拟合结果良好，整体结构模型的拟合度比较理想，所构建整体结构模型合适。进一步根据AMOS软件输出结果，检验自变量对因变量的直接效应用于判断研究假设是否得到支持。

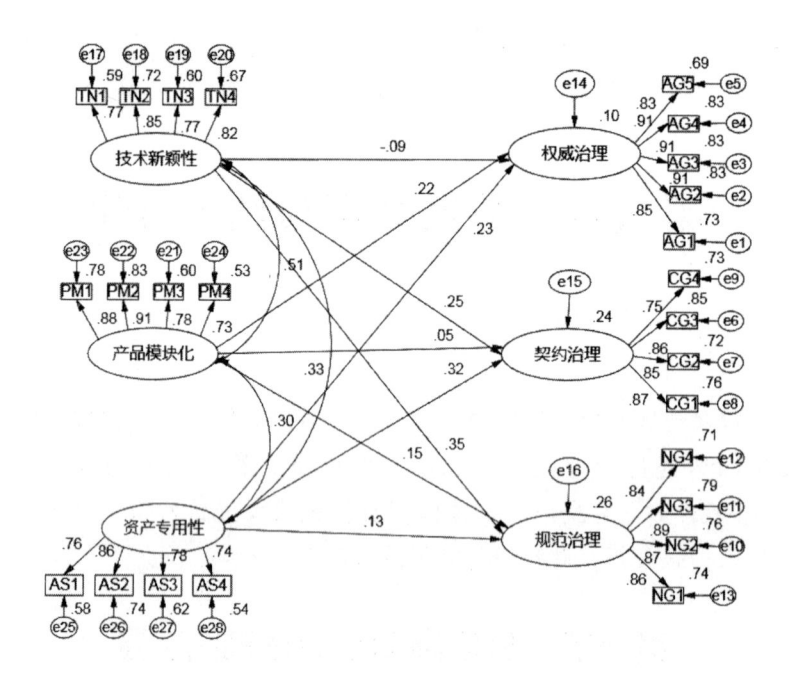

图 6-1　结构方程模型实证分析数据图

表 6-1　整体结构模型拟合分析

拟合指标	理想数值区间	指标值	拟合情况
CMIN/DF	1~3	2.189	很好
GFI	大于 0.8	0.905	可以被接受
AGFI	大于 0.8	0.882	可以被接受
CFI	大于 0.9	0.963	很好
NNFI	大于 0.9	0.958	很好
NFI	大于 0.9	0.934	很好
IFI	大于 0.9	0.963	很好
RMSEA	小于 0.05	0.045	很好

本书采用标准化回归系数来进行变量间关系说明，对于结果分析如下：

（1）技术新颖性对供应商网络治理机制选择的影响。如表 6-

2所示，技术新颖性对权威治理实施程度影响的系数值为 -0.089，$P=0.143$，H1a 未通过；技术新颖性对契约治理实施程度有正向影响（系数值为 0.248，$P<0.001$），H1b 获得支持；技术新颖性对规范治理实施程度有显著正向影响（系数值为 0.350，$P<0.001$），H1c 获得支持。

（2）产品模块化对供应商网络治理机制选择的影响。如表 6-2 所示，产品模块化对权威治理实施程度有显著正向影响（系数值为 0.219，$P<0.001$），H2a 获得支持；产品模块化对契约治理实施程度没有影响（系数值为 0.054，$P=0.332$），H2b 未获支持；产品模块化对规范治理实施程度有正向影响（系数值为 0.150，$P<0.01$），H2c 获得支持。

（3）资产专用性投入对供应商网络治理机制选择的影响。如表 6-2 所示，资产专用性投入对权威治理实施程度有显著正向影响（系数值为 0.226，$P<0.001$），H3a 获得支持；资产专用性投入对契约治理实施程度有显著正向影响（系数值为 0.318，$P<0.001$），H3b 获得支持；资产专用性投入对规范治理实施程度有正向影响（系数值为 0.134，$P<0.01$），H3c 获得支持。

表 6-2　　　　结构方程模型分析结果统计表

路径	标准化回归系数	Estimate	S.E.	CR	P
权威治理 <--- 技术新颖性	-0.089	-0.126	0.086	-1.465	0.143
契约治理 <--- 技术新颖性	0.248	0.248	0.058	4.252	***
规范治理 <--- 技术新颖性	0.350	0.413	0.069	5.985	***
权威治理 <--- 产品模块化	0.219	0.264	0.071	3.702	***
契约治理 <--- 产品模块化	0.054	0.046	0.047	0.970	0.332
规范治理 <--- 产品模块化	0.150	0.150	0.055	2.721	0.007
权威治理 <--- 资产专用性	0.226	0.441	0.107	4.121	***
契约治理 <--- 资产专用性	0.318	0.436	0.073	5.954	***
规范治理 <--- 资产专用性	0.134	0.217	0.082	2.649	0.008

二 模型确认与研究检验结果

结果讨论表明,技术新颖性、产品模块化、资产专用性三个前置因素对供应商网络治理机制产生不同影响。具体体现为:在技术新颖性程度高的情况下,制造企业对供应商网络治理更倾向于规范治理;在产品模块化程度高的情况下,制造企业对供应商网络治理倾向于权威治理;在资产专用性程度高的情况下,制造企业对供应商网络治理倾向于权威治理和契约治理。因此,我国制造企业为了更好地管理供应商网络,需要充分考虑治理机制设计的前置因素。研究结论为供应商网络中有效管理供应商提供理论指导(见表6-3)。

表6-3　　　　　　　　　研究假设汇总

假设	假设内容	结论
H1a	技术新颖性程度越高,供应商网络实施权威治理程度越高	不支持
H1b	技术新颖性程度越高,供应商网络实施契约治理程度越高	支持
H1c	技术新颖性程度越高,供应商网络实施规范治理程度越高	支持
H2a	产品模块化程度越高,供应商网络实施权威治理程度越高	支持
H2b	产品模块化程度越高,供应商网络实施契约治理程度越高	不支持
H2c	产品模块化程度越高,供应商网络实施规范治理程度越高	支持
H3a	资产专用性越高,供应商网络实施权威治理程度越高	支持
H3b	资产专用性越高,供应商网络实施契约治理程度越高	支持
H3c	资产专用性越高,供应商网络实施规范治理程度越高	支持

第二节 供应商网络治理机制对企业技术创新性的影响检验

一 供应商网络治理机制对企业技术创新性影响的基本模型检验

运用 AMOS 18.0 来构建供应商网络治理机制与技术创新性之间影响关系的结构方程模型，通过验证模型的拟合程度来验证本书所提出来的假设模型，拟合结果如图 6-2 所示。

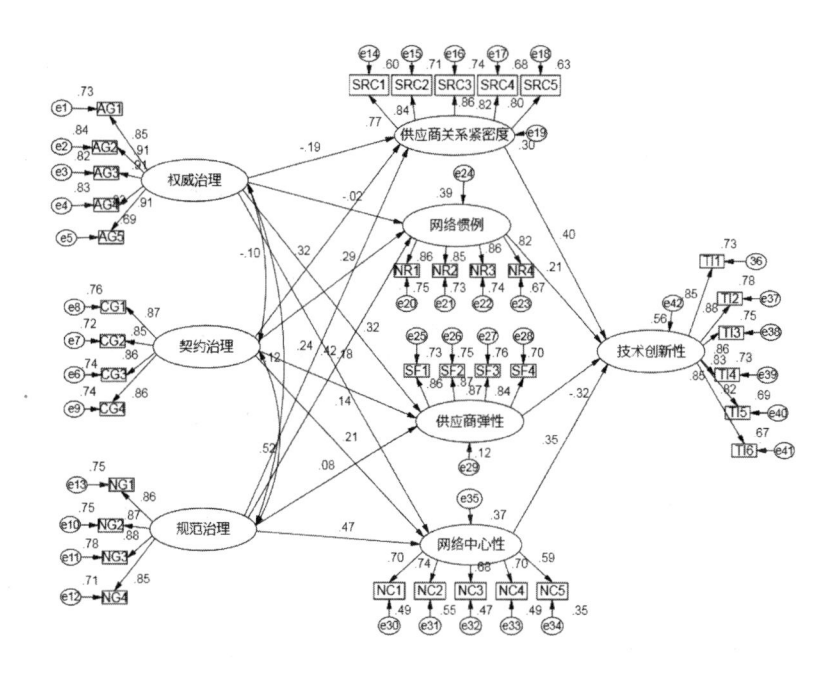

图 6-2 结构方程模型实证分析数据图

由图 6-2 可知，权威治理、契约治理、规范治理、网络中心性、供应商弹性、供应商关系紧密度、网络惯例和技术创新性八个变量的标准化载荷系数均在 0.001 水平上显著，标准化的因子载荷值都大于 0.5。表 6-4 所示为整体结构模型拟合分析的结果。模型的拟合度指标卡方自由度比等于 1.977，介于 1 和 3 之间，表明样本数据和假设模型拟合。其他模型适配度指标，RMSEA 等于 0.046，GFI 等于 0.875，AGFI 等于 0.856，NNFI 等于 0.95，CFI 等于 0.954，各项常用拟合指标均达到理想数值要求，表明该拟合结果良好，整体结构模型的拟合度比较理想，所构建整体结构模型合适。进一步根据 AMOS 软件输出结果，检验自变量对因变量的直接效应用于判断研究假设是否得到支持。

表6-4　　　　　　　　整体结构模型拟合分析

拟合指标	理想数值区间	指标值	拟合情况
CMIN/DF	1~3	1.977	很好
GFI	大于0.8	0.875	可以被接受
AGFI	大于0.8	0.856	可以被接受
CFI	大于0.9	0.954	很好
NNFI	大于0.9	0.95	很好
NFI	大于0.9	0.912	很好
IFI	大于0.9	0.904	很好
RMSEA	小于0.05	0.046	很好

如表 6-5 所示，权威治理对网络中心性有显著正向影响（系数值为 0.179，P<0.001），H4a 获得支持；权威治理对供应商弹性有显著正向影响（系数值为 0.315，P<0.001），H4b 获得支持；权威治理对供应商关系紧密度影响的系数值为 -0.189，P<0.001，H4c 未通过；权威治理对网络惯例影响的系数值为 -0.016，P=0.696，H4d 未通过。

契约治理对供应商网络形态都有显著正向影响。其中：契约治理对网络中心性有显著正向影响（系数值为 0.207，P<0.001），H5a 获得支持；契约治理对供应商弹性有显著正向影响（系数值为 0.135，P<0.001），H5b 获得支持；契约治理对供应商关系紧密

度有显著正向影响（系数值为 0.319，P<0.001），H5c 获得支持；契约治理对网络惯例有显著正向影响（系数值为 0.294，P<0.001），H5d 获得支持。

表 6-5 结构方程模型分析结果统计表

	标准回归系数	Estimate	S. E.	CR	P
供应商关系紧密度 <--- 权威治理	-0.189	-0.107	0.025	-4.233	***
网络惯例 <--- 权威治理	-0.016	-0.014	0.035	-0.390	0.696
供应商弹性 <--- 权威治理	0.315	0.286	0.045	6.362	***
供应商关系紧密度 <--- 规范治理	0.238	0.161	0.037	4.389	***
网络惯例 <--- 规范治理	0.420	0.425	0.053	8.003	***
供应商弹性 <--- 规范治理	0.084	0.092	0.063	1.444	0.149
网络惯例 <--- 契约治理	0.294	0.352	0.061	5.726	***
供应商弹性 <--- 契约治理	0.135	0.174	0.075	2.317	0.021
供应商关系紧密度 <--- 契约治理	0.319	0.256	0.044	5.780	***
网络中心性 <--- 权威治理	0.179	0.100	0.026	3.867	***
网络中心性 <--- 契约治理	0.207	0.164	0.044	3.690	***
网络中心性 <--- 规范治理	0.468	0.314	0.041	7.728	***
技术创新性 <--- 供应商关系紧密度	0.401	0.538	0.059	9.157	***
技术创新性 <--- 网络惯例	0.209	0.188	0.038	4.951	***
技术创新性 <--- 供应商弹性	-0.322	-0.269	0.033	-8.230	***
技术创新性 <--- 网络中心性	0.347	0.471	0.064	7.318	***

规范治理对网络中心性有显著正向影响（系数值为 0.468，P<0.001），H6a 获得支持；规范治理对供应商弹性影响的系数值为 0.084，P=0.149，H6b 未通过；规范治理对供应商关系紧密度有显著正向影响（系数值为 0.238，P<0.001），H6c 获得支持；规范治理对网络惯例有显著正向影响（系数值为 0.420，P<0.001），H6d 获得支持。

网络中心性对技术创新性有显著正向影响（系数值为 0.347，P<0.001），H7 获得支持；供应商弹性对技术创新性有显著负向影响（系数值为 -0.322，P<0.001），H8 获得支持；供应商关系紧密度对技术创新性有显著正向影响（系数值为 0.401，P<0.001），H9 获得支持；网络惯例对技术创新性有显著正向影响（系数值为 0.209，P<0.001），H10 获得支持。

本书还通过变量间关系的路径系数来诠释变量间的影响效果，即总效果、直接效果和间接效果，如表 6-6 所示。在网络治理机制对供应商网络形态影响中，规范治理对网络中心性的影响最大，为 0.468；权威治理对供应商弹性影响最大，为 0.315；规范治理对网络惯例影响最大，为 0.420；契约治理对供应商关系紧密度影响最大，为 0.319，其次是规范治理对供应商关系紧密度影响，为 0.238，权威治理对供应商关系紧密度起到负向影响。

从供应商网络形态对技术创新性的影响来看，供应商关系紧密度对技术创新性的影响效果最大，为 0.401，其次是网络中心性的影响效果为 0.347，网络惯例的影响效果为 0.209，供应商弹性对技术创新性起到负向影响，为 -0.322。

从治理机制对技术创新的影响来看，规范治理对技术创新性的影响效果最大，达到 0.318，契约治理的影响效果次之，为 0.217，权威治理对技术创新性起到负向影响，为 -0.118。

表 6-6　　总效果、直接效果与间接效果

	规范治理	契约治理	权威治理	网络中心性	供应商弹性	网络惯例	供应商关系紧密度	技术创新
总效果								
网络中心性	0.468	0.207	0.179	0.000	0.000	0.000	0.000	0.000
供应商弹性	0.084	0.135	0.315	0.000	0.000	0.000	0.000	0.000
网络惯例	0.420	0.294	-0.016	0.000	0.000	0.000	0.000	0.000
供应商关系紧密度	0.238	0.319	-0.189	0.000	0.000	0.000	0.000	0.000
技术创新性	0.318	0.217	-0.118	0.347	-0.322	0.209	0.401	0.000
直接效果								
网络中心性	0.468	0.207	0.179	0.000	0.000	0.000	0.000	0.000
供应商弹性	0.084	0.135	0.315	0.000	0.000	0.000	0.000	0.000
网络惯例	0.420	0.294	-0.016	0.000	0.000	0.000	0.000	0.000
供应商关系紧密度	0.238	0.319	-0.189	0.000	0.000	0.000	0.000	0.000
技术创新性	0.000	0.000	0.000	0.347	-0.322	0.209	0.401	0.000
间接效果								
网络中心性	0.000	0.000	0.000	0.000	0.000	0.000	0.000	0.000
供应商弹性	0.000	0.000	0.000	0.000	0.000	0.000	0.000	0.000
网络惯例	0.000	0.000	0.000	0.000	0.000	0.000	0.000	0.000
供应商关系紧密度	0.000	0.000	0.000	0.000	0.000	0.000	0.000	0.000
技术创新性	0.318	0.217	-0.118	0.000	0.000	0.000	0.000	0.000

二　模型确认与研究检验结果

通过对中国 455 家制造企业的供应商网络治理实施情况的有效问卷分析，运用 SPSS 18.0 和 AMOS 18.0 等统计软件和方法分析，

验证网络治理机制通过供应商网络形态来影响制造企业技术创新性的关系模型。实证结果表明，本书所提的研究假设从整体上得到很好的验证。研究结论不仅对网络治理对企业技术创新性的影响关系做出一定贡献，也为制造企业开展有效网络治理实践活动提供必要的指导。

本书结合第四章提出的研究假设和图中各变量间的影响关系，以及相对应统计检验结果，对研究假设进行总结，见图6-3。如表6-7研究假设汇总所示，在16条研究假设中，有13条路径得到实证数据的支持，其中，H4c权威治理对供应商关系紧密度有显著正向影响、H4d权威治理对网络惯例有显著正向影响和H6b规范治理对供应商弹性有显著正向影响这三个研究假设并没有得到支持。

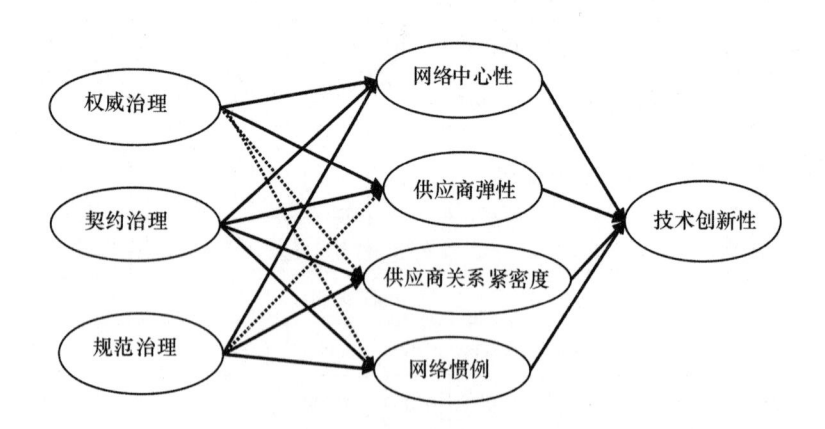

图6-3 最终路径模型图

表6-7　　　　　　　　　研究假设汇总

假设	假设内容	结论
H4a	权威治理对网络中心性有显著正向影响	支持
H4b	权威治理对供应商弹性有显著正向影响	支持
H4c	权威治理对供应商关系紧密度有显著正向影响	不支持

续表

假设	假设内容	结论
H4d	权威治理对网络惯例有显著正向影响	不支持
H5a	契约治理对网络中心性有显著正向影响	支持
H5b	契约治理对供应商弹性有显著正向影响	支持
H5c	契约治理对供应商关系紧密度有显著正向影响	支持
H5d	契约治理对网络惯例有显著正向影响	支持
H6a	规范治理对网络中心性有显著正向影响	支持
H6b	规范治理对供应商弹性有显著正向影响	不支持
H6c	规范治理对供应商关系紧密度有显著正向影响	支持
H6d	规范治理对网络规范有显著正向影响	支持
H7	网络中心性对企业技术创新性有显著正向影响	支持
H8	供应商弹性对企业技术创新性有负向影响	支持
H9	供应商关系紧密度对企业技术创新性有显著正向影响	支持
H10	网络惯例对企业技术创新性有显著正向影响	支持

第三节　结果讨论

一　供应商网络治理机制前置因素影响

结果讨论表明，在供应商网络治理过程中，技术新颖性、产品模块化、资产专用性对治理机制产生不同影响。具体体现为：在技术新颖性程度高的情况下，制造企业对供应商网络治理更倾向于规范治理；在产品模块化程度高的情况下，制造企业对供应商网络治理倾向于权威治理；在资产专用性程度高的情况下，制造企业对供应商网络治理倾向于权威治理和契约治理。因此，我国制造企业为了更好地管理供应商网络，需要充分考虑治理机制设计的前置因素。研究结论为供应商网络有效管理提供理论指导。

（一）技术新颖性对供应商网络中治理机制选择的影响

技术新颖性仅对契约治理和规范治理有显著的正向影响。假设1的检验结果表明，在技术新颖性程度高的情况下，制造企业对供应商网络治理更倾向于规范治理，其次是契约治理。根据实证结果，假设H1a没有得到验证，即技术新颖性对权威治理没有显著的正向影响。较为合理的解释是，在技术新颖性高的情况下，技术创新面临许多不可预测的情况，制造企业对供应商严密监控每个环节和流程，其官僚作风和中心化决策使得流程僵化。这样对于决策的有效性和不确定性反应的及时性产生极大影响，降低企业技术创新对于环境变化的应变能力，因而制造企业并不倾向于选择权威治理。

（二）产品模块化对供应商网络中治理机制选择的影响

产品模块化仅对权威治理和规范治理有显著的正向影响。假设2的检验结果表明，在产品模块化程度高的情况下，制造企业对供应商网络治理倾向于权威治理，其次是规范治理。根据实证结果，H2b没有得到验证，即产品模块化对契约治理没有显著的正向影响。较为合理的解释是，在产品模块化高的情况下，技术创新过程中需要供应商参与的组件增加，各组件的专业化程度随之提升。制造企业组织管理若侧重契约的完备性意味着企业在技术创新过程中把过多的时间和精力投入到契约讨论和协商中，会使得组织间合作缺乏弹性，进而影响到技术创新效率，因而制造企业组建供应商网络并不倾向于选择契约治理。

（三）资产专用性对供应商网络中治理机制选择的影响

资产专用性对三种治理机制均有显著的正向影响。假设3的检验结果表明，在资产专用性程度高的情况下，制造企业对供应商网络治理倾向于权威治理和契约治理，这说明资产专用性越高，制造企业越倾向于通过权威治理和契约治理这两种正式的治理机制为其和供应商合作提供清晰的界定，有效减少技术创新活动中不确定性行为，保护合作双方的专用资产投入，从而有利于信息共享和争议问题的解决，进而有效地提升技术创新绩效。

二 供应商网络治理机制对企业技术创新性的影响

(一)治理机制对供应商网络形态的影响

H4a 至 H4b 探讨权威治理与供应商网络形态的关系。其中 H4a 和 H4b 通过验证,即权威治理对网络中心性和供应商弹性具有正影响。供应商网络中的网络中心性程度高意味着主导企业能有效控制网络资源,根据自身发展需要和战略意图,识别供应商网络中的机会,规划网络未来发展。与此同时,较高的网络中心性意味着制造企业需要与网络中的供应商有更深的结构嵌入,网络结构密度增加供应商网络的复杂性,这也需要制造企业有更强的网络控制和协同能力。权威治理通过行为控制和资源有效支配等有效组织常规的管理来影响供应商的态度、意图和行为,使得供应商能遵守制造企业的流程、规则和法规,以及相关要求。制造企业通过供应商弹性修正网络供应商的数量适应快速变动的环境,有利于满足提供客户要求的服务、处理特殊订单和无法预期事件的调适和回应变化能力。供应商弹性增加制造企业协调其与供应商、供应商与供应商之间的任务分配和目标协作的难度,与之相对应的是制造企业对供应商网络管控能力要求的提高。权威治理通过明确公开的权责配置对组织成员在合作过程的利益进行保障。权威治理程度越高,制造企业对供应商活动控制权力增加,可以有效地控制网络成员的变动。

H4c 和 H4d 没有通过验证。其中权威治理对供应商关系紧密度起到显著负向影响,与研究假设相反。在理论探讨中,权威治理有利于网络成员间关键信息的分析,促进网络知识升级,进而正向影响网络成员间的供应商关系紧密度。然而从实证结果来看,权威治理对供应商关系紧密度产生显著负向影响,课题组对调研企业的访谈中发现一些供应商主管反映在与供应商建立关系过程中尽量减少通过行政命令方式的沟通,在关系中运用权威治理越频繁,企业干预网络成员间关系的可能性越高,越有可能导致制造企业对具有依赖性的供应商提供非善意的价格。权威治理会形成制造商—供应商关系依赖，利用权力管理相互关系体现出有限沟通、低协作和高冲突等特征，所有这些特征都不利于网络成员间的供应商关系紧密度（Akgün et al.，2012）。因此，权威治理不利于制造企业主导供应商网络的供应商关系紧密度。H4d 没有通过验证，即权威治理对网络惯例不具有正向影响。一个较为合理的解释是，在中国的文化传统中，企业间合作容易把过程监督和命令视为不信任的信号，网络惯例的形成需要制造企业在组建供应商网络中营造企业间的相互信任和相互沟通的合作氛围。虽然权威治理能确保制造商—供应商关系形成一定程度的关系租金，然而权力的不对称性会导致在创新想法产生形成的利益分享上出现机会主义行为。

H5a 至 H5d 探讨契约治理对供应商网络形态的影响。四个研究假设均通过验证，证实由于中国现阶段的法律环境还欠发达，契约的签订能很好地保障双方的利益，促进技术创新过程中制造商和供应商之间的资产投入和知识转移。这与相关学者的实证研究结果不同，基于西方成熟的法律环境下，企业违反契约的成本较大，同时其法律诉讼流程相对完善和高效，法律对企业的震慑作用明显。所以企业间合作往往通过有效协调和沟通方式解决冲突，契约一旦签订往往被束之高阁。

H6a 至 H6d 探讨规范治理对供应商网络形态的影响。其中 H6a 通过验证，即规范治理对网络中心性具有正向影响。制造企业在供应商网络中的网络中心性位置需要联结网络内外部资源越多，越需要有效协调处理网络成员间的冲突。规范治理依赖于社会化手段来有效减少组织间成员目标的不一致性，从而有利于成员间的参与和沟通，从而使双方都能更好地解决彼此的不同而有效防止事后的协调危害，进而有效协调网络成员间的冲突。H6c 和 H6d 通过验证，即规范治理对供应商关系紧密度和网络惯例具有正向影响。网络惯例的形成需要网络成员间大量隐性知识的学习和内化过程，最终形成可以被网络成员认知的、较为复杂的、能够被默认实施的行为，而这需要制造企业和供应商之间更多的互动和对于网络成员间的专有知识产权的保护。因而规范治理有利于网络惯例的形成。供应商关系紧密度需要网络成员间形成长期导向承诺，规范治理有利于组织间形成相互分享氛围，促进成员间进一步交流，从而确保关系的长期导向性。

H6b没有通过验证，即规范治理对供应商弹性不具有正向影响。分析其原因，一个较为合理的解释是，制造企业为了保证网络供应的效率和及时性，往往通过对供应商网络成员的一定程度替换来实现，这个时候制造企业往往通过自身的权力来管理供应商。供应商网络中权力的不对等性使得制造企业往往基于供应商绩效的评价或采用正式的评估项目、监控等方式决定网络成员的进入和退出。制造企业为了保证网络供应的效率和及时性，往往通过对供应商网络成员的一定程度替换来实现，这个时候制造企业往往通过自身的权力来管理供应商。而网络成员的频繁流动大大增加了网络成员间的相互不信任性，尤其是供应商害怕在合作关系终止时，其对制造企业所投入的人力、物力、财力就转变成沉没成本，因此不愿在未获得承诺的基础上投入更多，这不利于制造企业通过规范治理管控供应商网络。

（二）供应商网络形态对企业技术创新性的影响

H7至H10探讨供应商网络形态与企业技术创新性的关系。H7通过验证，即网络中心性对企业技术创新性具有正向影响。网络中心性位置有利于企业及时获取技术研发所需的知识，而网络中知识的频繁流动促进知识共享和知识创造，加速其技术研发的发展成果，从而有利于企业技术创新性。H8通过验证，即供应商弹性对企业技术创新性具有负向影响。供应商弹性通过重塑供应基的有效性来响应外部环境的变化，供应商弹性增加网络的不稳定性，降低网络成员间的相互信任，使得供应商往往不愿在与制造企业创新合作中提供专用资产投入，进而使得供应商创新性对制造企业技术创新性的影响减弱。因此，在供应商参与技术创新活动前期，供应商的甄选就显得尤为重要，如何选择创新型供应商参与到技术创新活动中，是提升制造企业技术创新性的关键。

H9 和 H10 通过验证，即供应商关系紧密度和网络惯例对企业技术创新性具有正向影响。在供应商网络中，技术创新性是技术创新早期阶段的核心，需要制造企业和关键供应商频繁的互动，沟通和大量的专用性资产投入，使得合作的各方能分享有价值的信息，并对信息进行有效的流通和吸收。与此同时，制造企业需要在供应商网络中搭建知识共享平台，有利于把分散于网络间各个企业的知识进行有效共享和整合，促进成员间相互学习的媒介。

因此，网络中心性、供应商关系紧密度和网络惯例对企业技术创新性的三条影响路径均呈现正向影响关系，而供应商弹性对于技术创新性是显著负向影响。其中，技术创新性的提升主要通过网络中心性和供应商关系紧密度来实现，这一实证结果与社会网络理论的观点相一致，由于技术创新性是一个企业通过调整和重组产品与流程结构的新旧专业知识的更新换代能力，从而形成新的价值创新和资源来有效解决复杂问题的创新活动，从社会网络理论角度上看，供制造企业主导的企业间网络通过关系嵌入促进企业间信息的集成和隐性知识在制造企业与供应商之间的流动，提高问题解决效率。通过结构嵌入形成"桥连接"的优势，制造企业可以使用信息优势，通过联合解决问题，制造企业和其战略供应商能够在技术创新过程中识别并及时处理潜在问题，从而更好地设计和生产高品质组件系统。通过认知嵌入，形成组织成员间的网络惯例，搭建组织间成员知识流动、知识吸收和知识创造的平台。

（三）总效果、直接效果与间接效果分析

从前文的总效果、直接效果与间接效果的分析来看，供应商网络形态作为供应商网络治理的重要因素，不仅对企业当前的运营管理起作用，更是企业技术创新性提升的重要源泉，特别是企业技术创新从封闭式创新到开放式创新转变的今天，创新方式的转变需要企业调整技术创新的组织方式，企业所拥有的技术嵌入于互补资源系统中，新技术的导入需要企业所属支持性或互补性流程、资源和知识随之改变，才能融合组织创新系统。企业需要通过有效网络治理将企业外部技术创新链接与整合至内部技术创

新流程，带动企业本身技术创新，使得创新技术扩散至企业的技术研发过程，进而提升企业的竞争能力。从实证结果来看，制造企业组建供应商网络实现技术创新性的路径主要是提升制造企业在供应商网络的网络中心性，促进制造企业与网络成员间的供应商关系紧密度来实现，搭建网络成员间网络惯例的平台。而有些传统的供应商管理实践活动在实证检验中建议应该被慎重使用。保持供应商弹性是制造企业组建供应商网络最常用的方式，在成本导向时，供应商弹性是制造企业通过供应商网络成员间的相互竞争获取低成本的有力武器，然而，在技术导向型网络中，由于技术创新性本身是高风险的活动，网络成员的高流动率会影响现有网络成员的积极性，使得供应商不敢投入大量专用资产，从而降低供应商对网络的创新性参与。

另外，供应商网络治理机制中，规范治理对于技术创新性的影响最大，其次是契约治理，表明中国从计划经济到市场经济转型的环境中，网络成员间的互动和非正式活动大大加强企业间的关系，促进制造企业与供应商之间建立高水平的信任、依赖和专用资产投入为特征的长期导向关系。同时，由于我国社会法律不健全，企业与企业间的诚信环境较为脆弱，企业间契约的签订是保护企业利益的重要保障，也是制造企业对于供应商关系的重视程度的体现，与Poppo和Zenger（2002）的实证研究结果相似，在华人社会环境中，规范治理和契约治理是相互补充形式，管理者倾向于在契约签订的同时运用更高程度的规范治理来获得定制化的服务，使得冲突产生时保证合作双方能很好协调形成相互满意的结果。同时对契约设定特定的情境，适应过程和控制有利于避免机会主义行为，从而更好地支持规范治理。比起在西方社会环境中，契约治理在中国情境中发挥更多的重要作用。在实证研究结果中，权威治理对技术创新性是显著的负向影响。虽然权威治理能够有效地协调问题解决，增加供应商之间的协作，大大降低投机行为，使得技术创新的目标更易实现，然而技术创新性的提升需要提供更大范围的技术机遇，制造企业技术创新所组建的网络具有松散耦合特征，通过强而紧密的组织间联结来促进隐性知识在企业间的转移和学习，从而有效提高技术创新的成功率。而权威治理使得制造商对供应商严密监控每个环节和流程，协调和监控成本大大提高，阻碍了知识流动，从而不利于技术创新性。

第七章 研究结论与展望

第一节 主要研究工作及结论

一 主要研究工作

针对绪论所提出的研究问题,在对相关文献进行分析的基础上,系统阐述供应商网络、网络治理和技术创新性相关领域的研究成果,以中国制造企业为对象,探寻企业如何通过供应商网络提升技术创新性,并由此构建概念模型。此模型有效解释本书所提出的研究问题:前置因素如何影响供应商网络治理机制的选择?网络治理机制是否通过供应商网络形态影响企业技术创新性?通过对以上问题的解答,清晰揭示供应商网络治理机制对技术创新性的作用机理,不仅在理论上丰富供应商网络治理机制和技术创新性的研究,而且通过大样本的实证调查研究和数据分析,为今后制造企业有效利用供应商网络来提升企业技术创新性提供一定的参考。

本书主要完成以下研究工作:

第一,理论基础和文献综述部分侧重对本书研究所涉及的相关研究进行归纳和总结,并根据研究内容和问题,对现有研究中已论证的各变量间关系做相应梳理和概括,为后续概念模型的提出和实证研究奠定基础;

第二,在此基础上,本书构建"前置因素—治理机制—供应商网络形态—网络功能效益"的理论分析框架,并通过理论分析构建研究的理论模型和与此相对应的理论假设;

第三,基于研究假设进行实证研究设计,包括本书构念的测度及问卷编制，问卷调查发放以及实证研究方法和程序设计；

第四，采用 SPSS 18.0 和 AMOS 18.0 统计软件对前置因素、治理机制、供应商网络形态、技术创新性等概念的信效度进行验证，并对整体量表的信效度进行进一步验证；

第五，采用 AMOS 18.0 统计软件对研究假设进行实证分析，测量其影响的关系、路径和强度，得到相应结果，并对结果进行相应分析。

二 研究结论

具体而言，本书的主要结论如下：

第一，供应商网络治理是一个多维度概念，有效的网络治理应该是在不同情境下各要素之间的相互适配。组织间网络治理强调组织内部结构和网络成员间的关系变化是因为组织间各种不同关系与制度的安排，即网络治理改变组织间的相互依赖性和互动模式进而形成稳定关系。因此，供应商网络治理是制造企业作为主导企业如何针对不同前置属性，设计相对应的有效的网络治理机制，来迎合或适配这些前置属性的供应商网络形态，从而实现良好的网络产出。

第二，前置因素对供应商网络治理机制的影响。通过结构方程模型检验技术新颖性、产品模块化、资产专用性三个前置因素对不同治理机制的作用。结果讨论表明，在供应商网络治理中，技术新颖性、产品模块化、资产专用性对治理机制产生不同影响。具体体现为：在技术新颖性程度高的情况下，制造企业对供应商网络治理更倾向于规范治理；在产品模块化程度高的情况下，制造企业对供应商网络治理倾向于权威治理；在资产专用性程度高的情况下，制造企业对供应商网络治理倾向于权威治理和契约治理。因此，我国制造企业为了更好地管理供应商网络，需要充分考虑治理机制设计的前置因素。研究结论为供应商网络中有效管理供应商提供理论指导。

第三，供应商网络治理机制对网络形态的影响。发现权威治理对供应商弹性影响最大，规范治理对于网络中心性和网络惯例的形成影响最大，而契约治理对供应商关系紧密度影响最大。分析其原因，是制造企业为了保证网络供应的效率和及时性，往往通过对供应商网络成员的一定程度替换来实现，因而制造企业往往通过自身的权力来管理供应商。在供应商关系紧密度程度高的情况下，制造企业更倾向于契约治理和规范治理，同时谨慎使用权威治理。在网络惯例程度高的情况下，制造企业更倾向于规范治理，其次是契约治理，权威治理在这里不起作用。分析其原因，网络惯例的形成需要网络成员间大量隐性知识的学习和内化过程，最终形成可以被网络成员认知的、较为复杂的、能够被默认实施的行为，而这需要制造企业和供应商之间更多的互动和对于网络成员间的专有知识产权的保护。在中国的文化传统中，企业间合作容易把过程监督和命令视为不信任的信号，网络惯例的形成需要制造企业在组建供应商网络中营造企业间的相互信任和相互沟通的合作氛围。虽然权威治理能确保制造商—供应商关系形成一定程度的关系租金，然而权力的不对称性会导致在创新想法产生所形成的利益在分享时出现机会主义行为（Ness and Haugland，2005）。研究结论对于网络治理要素间关系的阐述，为供应商网络治理如何转化为企业竞争优势提供逻辑解释。

第四，网络形态和企业技术创新性的影响。发现网络中心性、供应商关系紧密度和网络惯例对企业技术创新性的三条影响路径均呈现正向影响关系，而供应商弹性对于技术创新性是显著负向影响。其中，供应商关系紧密度和网络中心性对于技术创新性的影响程度较大。研究结果显示，供应商网络的稳定性对于企业技术创新性提升有积极作用。由于制造企业本身的技术创新越来越依靠供应商创新性，不仅仅从供应商那里获取原材料和零部件，而且还需要从供应商网络中获取相关的市场营销、新产品开发等重要的知识资源，从供应商网络中获取和有效利用这些资源是制造企业提升技术创新性的捷径。

第五，供应商网络治理机制对企业技术创新性的影响。发现规范治理对企业技术创新性影响程度最大，契约治理影响次之，权威治理对技术创新性起到负向影响。本书的实证结果对技术创新性选择合适的治理机制具有一定的指导意义。契约治理对技术创新性的重要性，由于中国现阶段的法律环境还欠发达，契约的签订能很好地保障双方的利益，促进技术创新过程中制造商和供应商之间资产投入和知识转移；规范治理对技术创新性的重要性再一次得到证实，管理者不仅仅从私人关系来促进组织间关系嵌入，而且需要制造企业在组建供应商网络中营造企业间的相互信任和相互沟通的合作氛围；权威治理在企业技术创新性中起到负向影响。技术创新所组建的网络具有松散耦合特征，权威治理使得制造商严密监控供应商的每个环节和流程，协调和监控成本大大提高，阻碍知识流动，从而不利于技术创新性。

第三节　研究总结与未来研究展望

一　研究总结

本书主要从以下几方面对供应商网络对提升企业技术创新性之间内在关系的理论发展和实践做出贡献：

第一，供应商网络治理作为不断完善和发展的概念，因此基于制造企业组建供应商网络的具体情境下实证研究其网络治理的内涵和本质，有利于解决现阶段供应商管理存在的认知与实践处理上的差异和区别。现如今，制造企业已经将构建供应商网络作为提升技术创新能力的重要手段。我国制造企业越来越趋向于建立供应商网络，利用其关键供应商的知识、能力并与其合作来达到降低交易费用以及获取知识、促进企业的创新绩效提高的目的。当核心企业与供应商的关系由简单的交易关系逐渐发展为制造商主导、多个供应商组成的供应商网络时，有利于制造企业利用网络中供应商创新来完成技术创新。对供应商网络治理机制前置因素如何影响进行探索性研究，并通过对供应商网络治理机制、网络形态与企业技术创新性具体影响路径的设计揭示供应商网络治理对提升企业技术创新性的影响机理。

第二,本书的研究有助于中国制造企业主导供应商网络的有效组建和管理。我国许多制造企业也开始从传统的采购实践向与供应商建立紧密合作关系、协作生产的供应商网络进行转变。通过本书的理论研究给中国制造企业进行供应商网络治理的启示是制造企业在组建供应商网络构形上的差异是如何产生的。基于提升技术创新性的供应商网络,制造企业更强调对供应商提供稳定的需求和紧密的协作,建立一个供应商数量较少、稳定的供应商网络。制造企业对供应商网络的利用则延伸到二级、三级供应商,且重视供应商之间的关系,集成供应商参与技术创新,并且在技术创新中更加广泛地利用供应商的技术能力,而不仅仅关注于直接利用供应商获得成本的节约,通过制造企业倾向于选择数量较多的供应商,通过供应商之间的竞争来提高供应效率。

二 研究局限和未来研究展望

本书从交易费用理论、社会网络理论和企业能力理论出发,对制造企业主导供应商网络治理的界定,识别出供应商网络治理的关键要素,以及对于网络治理如何影响企业技术创新性等问题做出细致而系统的探讨,并得出一些重要的研究结论。然而不可避免地会存在一定局限性,需要深入讨论,这些问题也在某种程度上影响结论的有效性,同时认真分析其中的不足也有助于今后开展相关研究的进一步深入和发展,具体而言有如下几点:

第一,供应商网络中企业间关系是一个持续动态的过程,其中组织间不同成员的合作情况是不同的,这对于治理机制使用的影响也是显著的,在研究治理机制对于企业技术创新性的影响时要考虑到组织间关系的演化。尽管本书的研究模型在一定程度上反映网络治理的作用机理,然而今后还要引入动态视角研究促进更全面、准确地反映现实中网络企业间关系的复杂性。

第二,本书的研究虽然有助于从理论上指导制造企业有效利用供应商实现制造企业技术创新性,然而调查样本是基于中国制造企业的，针对于这一特定研究对象的结论是否适用于其他行业的企业需要进一步研究，因此有待后续研究中收集更多其他行业的调查样本检验本书结论的普适性。

第三，本书的研究是从制造企业角度来进行的，忽略供应商网络中供应商与供应商之间交互作用对于企业技术创新性的影响。然而在现实情境中，供应商作为供应商网络的主体，未来研究应该从供应商的角度来挖掘其关系机理，使得结论更为全面。

第四，企业环境中还有许多影响因素也会对供应商网络治理与企业技术创新性之间的作用效果产生影响，如环境不确定性以及企业高层领导支持等，这些有待于今后学者的深入研究。

附录　供应商网络治理机制的前因及对企业技术创新性影响研究的调查问卷

尊敬的女士/先生：

　　您好！非常感谢您能在百忙中抽出时间来填写这份问卷！请您花15分钟左右的时间，根据问卷的题项设置，结合您所在企业的实际情况，在相应的选项后打"√"。本问卷旨在探讨供应商网络治理机制的前因及其对企业技术创新性影响。郑重声明：本项调研所得数据资料仅用于理论课题的研究，我们会对资料进行严格保密，问卷采取匿名填写的方式，请您放心作答。真诚感谢您的支持与合作！

第一部分：背景资料

　　下面是有关您个人以及您所在企业情况的描述，请您根据实际情况做出选择（在所选题项后打"√"即可）。

　　1. 学历：
　　　A. 高中及以下学历　B. 大专　C. 本科　D. 硕士及以上
　　2. 工作年限：
　　　A. 1~5年　B. 6~10年　C. 11~15年　D. 16~20年
　　E. 20年以上
　　3. 工作职务：

A. 企业高管　B. 部门经理　C. 采购人员　D. 技术主管　E. 项目经理　F. 供应商管理人员

4. 企业性质：

A. 国有控股　B. 民营企业　C. 中外合资　D. 外商独资　E. 股份制（非国有控股）

5. 企业规模：

A. 400人以下　B. 400~2000人　C. 2000人以上

6. 行业类型：

A. 通用设备制造（锅炉及原动机、金属加工机械、起重运输设备、压缩机、电炉、齿轮传动、通用零部件、金属加工等通用设备制造）

B. 专用设备制造（矿山、冶金、建筑、化工、食品加工、印刷、制药、纺织、医疗器械等专用设备制造）

C. 交通运输设备制造（汽车、航空航天器、铁路运输、船舶、交通器材等设备制造）

D. 电气机械及器材制造（输配电及控制、电机、电工器材、电池等电气设备制造）

E. 通信设备、计算机及电子设备制造（通信、雷达、广播电视、计算机、电子器件等设备制造）

F. 仪器仪表及文化、办公用设备制造（通用或专用仪器仪表、钟表及计时仪器、光学仪器等设备制造）

G. 其他

7. 企业所在地：_____

第二部分

请您根据亲身的经历和感受，选择最符合贵公司实际情况所对应的选项，在最接近的数字上画"√"。若您认为该陈述"完全不同意"，请选"［1］"；若您认为该陈述"完全同意"，请选"［7］"；其余类推。其中：［1］= 完全不同意；［2］= 一般不同

附录 供应商网络治理机制的前因及对企业技术创新性影响研究的调查问卷

意；[3] = 有点不同意；[4] = 不好说；[5] = 有点同意；[6] = 一般同意；[7] = 完全同意。若是您在电脑上直接选择，请把相应选项改成红色即可。

该产品制造流程各个阶段的工艺水平领先	[1] [2] [3] [4] [5] [6] [7]
产品各个零部件间的依附关系有很高的新颖性	[1] [2] [3] [4] [5] [6] [7]
该产品的各个制造阶段顺序有很高的新颖性	[1] [2] [3] [4] [5] [6] [7]
整体来说，产品技术具有很高的新颖性	[1] [2] [3] [4] [5] [6] [7]
产品能被分解成不同的模块	[1] [2] [3] [4] [5] [6] [7]
我公司对于核心部件改变不需要其他部件的重新设计	[1] [2] [3] [4] [5] [6] [7]
产品的模块能被用于很多产品上	[1] [2] [3] [4] [5] [6] [7]
产品的模块已经标准化	[1] [2] [3] [4] [5] [6] [7]
如果我公司选择另一个供应商，将会损失很多为维系其关系所进行的投资	[1] [2] [3] [4] [5] [6] [7]
我公司对该供应商进行大量投资来构建和维系关系	[1] [2] [3] [4] [5] [6] [7]
我公司进行非通用性投资是为了提高交易的效率	[1] [2] [3] [4] [5] [6] [7]

如果关系终止,我公司将会损失很多为维系其关系所建立的知识体系	[1] [2] [3] [4] [5] [6] [7]
对供应商的产品流程和制造技术的决定程度	[1] [2] [3] [4] [5] [6] [7]
对供应商持续的设计和工艺改进的决定程度	[1] [2] [3] [4] [5] [6] [7]
对供应商的库存水平的决定程度	[1] [2] [3] [4] [5] [6] [7]
对供应商的供应商选择的决定程度	[1] [2] [3] [4] [5] [6] [7]
对供应商质量控制程序的决定程度	[1] [2] [3] [4] [5] [6] [7]
组织间成员需要承担的责任有专门定制协议进行详细阐述	[1] [2] [3] [4] [5] [6] [7]
关于成员间如何接触和决策方面的条例和流程被制成正式文件	[1] [2] [3] [4] [5] [6] [7]
这些条例和流程被组织间成员所遵守	[1] [2] [3] [4] [5] [6] [7]
组织间成员的行为都会用契约来管理	[1] [2] [3] [4] [5] [6] [7]
能提供及时准确的信息并投入时间进行沟通	[1] [2] [3] [4] [5] [6] [7]

附录　供应商网络治理机制的前因及对企业技术创新性影响研究的调查问卷

项目	评分
能弹性修改协议，共同合作解决问题或冲突	[1] [2] [3] [4] [5] [6] [7]
有关议价和产品数量方面能协商出较一致的看法	[1] [2] [3] [4] [5] [6] [7]
在利益和成本方面的处理都是公平公正的	[1] [2] [3] [4] [5] [6] [7]
我公司可以决定网络成员利益分配	[1] [2] [3] [4] [5] [6] [7]
相比网络中其他供应商来说，我公司整体而言在网络中占据关键地位	[1] [2] [3] [4] [5] [6] [7]
我公司在网络中被其他成员所依赖	[1] [2] [3] [4] [5] [6] [7]
我公司需要技术帮助时，通常能够从供应商那里获得新知识或经验	[1] [2] [3] [4] [5] [6] [7]
供应商选址考虑到我公司地理位置	[1] [2] [3] [4] [5] [6] [7]
我公司能低成本替换供应商	[1] [2] [3] [4] [5] [6] [7]
我公司能短时间替换供应商	[1] [2] [3] [4] [5] [6] [7]
我公司替换供应商对于组件质量和设计没有影响	[1] [2] [3] [4] [5] [6] [7]
我公司经常能依照客户紧急要求弹性生产	[1] [2] [3] [4] [5] [6] [7]
我公司与供应商彼此相互了解	[1] [2] [3] [4] [5] [6] [7]

| 我公司与供应商尽可能地相互提供所需要的信息 | [1] [2] [3] [4] [5] [6] [7] |

| 供应商能及时对公司要求做出灵活响应 | [1] [2] [3] [4] [5] [6] [7] |

| 我公司与供应商频繁进行非正式沟通 | [1] [2] [3] [4] [5] [6] [7] |

| 我公司不会主动限制供应商之间进行接触 | [1] [2] [3] [4] [5] [6] [7] |

| 我公司与供应商之间相互理解对方的企业行为 | [1] [2] [3] [4] [5] [6] [7] |

| 我公司与供应商之间具有相似的企业文化 | [1] [2] [3] [4] [5] [6] [7] |

| 我公司与供应商之间的协调方式非常清楚 | [1] [2] [3] [4] [5] [6] [7] |

| 在合作过程中有很多行为能够与供应商达成默契 | [1] [2] [3] [4] [5] [6] [7] |

请将您所在公司的实际情况与同行业其他公司进行客观的比较，在最为接近的数字上画"√"。其中：[1] = 完全不同意；[2] = 一般不同意；[3] = 有点不同意；[4] = 不好说；[5] = 有点同意；[6] = 一般同意；[7] = 完全同意。

| 我公司经常引进可以改善流程和工艺的新技术 | [1] [2] [3] [4] [5] [6] [7] |

| 我公司经常开发一些能被市场接受的新产品或服务 | [1] [2] [3] [4] [5] [6] [7] |

附录 供应商网络治理机制的前因及对企业技术创新性影响研究的调查问卷

我公司的新技术在市场上创造许多商机	[1] [2] [3] [4] [5] [6] [7]
我公司所开发的新产品上市后广泛被运用的机会高	[1] [2] [3] [4] [5] [6] [7]
我公司经常寻找新的技术方法，创造新的想法	[1] [2] [3] [4] [5] [6] [7]
我公司有效配置自身资源以促进创新活动	[1] [2] [3] [4] [5] [6] [7]

感谢您的悉心作答！

参考文献

[1] 白鸥、刘洋：《服务业创新网络治理研究述评与展望》，《外国经济与管理》2012 年第 7 期。

[2] 曹兴、秦耀华：《技术联盟知识转移激励模型及其实证》，《管理科学》2011 年第 3 期。

[3] 陈劲、吴波：《开放式创新下企业开放度与外部关键资源获取》，《科研管理》2012 年第 9 期。

[4] 陈晓萍等：《组织与管理研究的实证方法》，北京大学出版社 2008 年版。

[5] 陈伟等：《区域装备制造业产学研合作创新网络的实证研究——基于网络结构和网络聚类的视角》，《中国软科学》2012 年第 2 期。

[6] 程文、张建华：《中国模块化技术发展与企业产品创新——对 Hausmann – Klinger 实证研究模型的扩展及实证研究》，《管理评论》2013 年第 1 期。

[7] 党兴华、孙永磊：《技术创新网络位置对网络惯例的影响研究——以组织间信任为中介变量》，《科研管理》2013 年第 4 期。

[8] 党兴华等：《不同信任情景下双元创新对网络惯例的影响》，《管理科学》2013 年第 4 期。

[9] 冯长利等：《意愿对供应链知识共享影响的实证研究》，《管理评论》2013 年第 3 期。

[10] 韩炜等：《创业网络混合治理机制选择的案例研究》，《管理世界》2014 年第 2 期。

[11] 黄聿舟等:《供应商创新对提升装备制造企业自主创新能力的影响研究》,《软科学》2013年第10期。

[12] 黄聿舟、裴旭东:《构型理论视角下的供应商网络研究》,《求索》2015年第10期。

[13] 梅姝娥、谢刚:《组织内业务/IT关系,IT外包关系的治理与服务质量》,《管理评论》2013年第7期。

[14] 李随成等:《探索式与利用式产品创新的治理机制匹配研究》,《软科学》2015年第4期。

[15] 李随成等:《供应商参与新产品开发的治理机制前置因素研究》,《管理评论》2014年第4期。

[16] 李随成等:《供应商网络形态构念及实证研究》,《管理科学》2013年第3期。

[17] 李随成、姜银浩:《供应商参与新产品开发对企业自主创新能力的影响研究》,《南开管理评论》2009年第6期。

[18] 李维安等:《供应链治理的规范性分析框架及发展趋势》,《南开管理评论》2016年第1期。

[19] 梁巧转等:《组织研究方法的回顾与评述》,《管理评论》2012年第6期。

[20] 刘婷、刘益:《交易专项投资对伙伴机会主义行为影响的实证研究》,《管理科学》2012年第1期。

[21] 刘炜等:《产学研合作与企业内部研发的互动关系研究——基于企业技术能力演化的视角》,《科学学研究》2012年第12期。

[22] 刘雪梅:《联盟组合:价值创造与治理机制》,《中国工业经济》2012年第6期。

[23] 裴旭东等:《模糊前端参与对突破性创新的影响研究》,《科学学研究》2015年第3期。

[24] 裴旭东等:《供应商模糊前端参与对制造企业技术创新能力的影响》,《系统工程》2013年第12期。

[25] 裴旭东等:《企业技术差异化能力提升机理研究》,《科技进

步与对策》2015 年第 10 期。

[26] 钱丽萍、任星耀：《渠道关系中专项投资不对等与机会主义行为间关系研究——正式化、参与与私人关系的调节作用》，《管理评论》2012 年第 10 期。

[27] 孙晓华、郑辉：《买方势力、资产专用性与技术创新——基于中国汽车工业的实证检验》，《管理评论》2011 年第 10 期。

[28] 孙永磊、党兴华：《基于知识权力的网络惯例形成研究》，《科学学研究》2013 年第 9 期。

[29] 王龙伟等：《合作研发对企业创新绩效的影响研究——基于治理机制的调节分析》，《科学学研究》2011 年第 5 期。

[30] 王飞绒、陈劲：《技术联盟与创新关系研究述评》，《科研管理》2010 年第 2 期。

[31] 吴明隆：《结构方程模型：AMOS 的操作与应用》，重庆大学出版社 2009 年版。

[32] 肖丁丁、朱桂龙：《产学研合作创新效率及其影响因素的实证研究》，《科研管理》2013 年第 1 期。

[33] 杨锐等：《基于关键资源视角的垂直网络组织及治理机制》，《中国工业经济》2011 年第 7 期。

[34] 杨婷、李随成：《战略采购对企业技术能力的影响研究：网络关系视角的分析》，《管理评论》2012 年第 10 期。

[35] 肖静华、谢康：《组合与单一治理对供应链信息系统价值创造的影响》，《管理科学》2010 年第 4 期。

[36] 吴德胜、李维安：《非正式契约与正式契约交互关系研究——基于随机匹配博弈的分析》，《管理科学学报》2011 年第 12 期。

[37] 叶英斌、李岳儒：《探讨供应链关系中关系治理与关系规范构面之整合衡量课题》，《育达科大学报》2012 年第 3 期。

[38] 张国良、陈宏民：《关于组织创新性与创新能力的定义、度量及概念框架》，《研究与发展管理》2007 年第 1 期。

[39] Afuah A. "Are Network Effects Really All about Size? the Role of

Structure and Conduct". *Strategic Management Journal*, 2013, 34 (3): 257-273.

[40] Akgün A. E., Keskin H., Byrne J. "Antecedents and Contingent Effects of Organizational Adaptive Capability on Firm Product Innovativeness". *Journal of Product Innovation Management*, 2012, 29 (1): 171-189.

[41] Ambrosini V., Bowman C., Collier N. "Dynamic Capabilities: an Exploration of How Firms Renew Their Resource Base". *British Journal of Management*, 2009, 20 (1): 9-24.

[42] Ambrose E., Marshall D., Lynch D. "Buyer supplier perspectives on supply chain relationships". *International Journal of Operations & Production Management*, 2010, 30 (12): 1269-1290.

[43] Annick C. "Radical Innovation in Established Organizations: Being a Knowledge Predator". *Journal of Engineering and Technology Management*, 2007, 24 (1): 36-52.

[44] Antoncic B., Prodan I., Hisrich R. D., et al. "Technological Innovativeness and Firm Performance in Slovenia and Romania". *Post Communist Economies*, 2007, 19 (3): 281-298.

[45] Athaide G. A., Klink R. R. "Managing Seller – Buyer Relationships during New Product Development". *Journal of Product Innovation Management*, 2009, 26 (5): 566-577.

[46] Barney J. "Firm Resources and Sustained Competitive Advantage". *Journal of Management*, 1991, 17 (1): 99-120.

[47] Barney J. B. "Purchasing, Supply Chain Management and Sustained Competitive Advantage: The Relevance of Resource – Based Theory". *Journal of Supply Chain Management*, 2012, 48 (2): 3-6.

[48] Bazyar A., Teimoury E., Fesharaki M., et al. "Linking Power, Risk, and Governance: A Survey Research in New Product Development Relationships". *Journal of Business & Industrial Marketing*,

2013, 28 (5): 371 – 382.

[49] Bazyar A., Teimoury E., Fesharaki M. N. "A Decision – Process Model of Relational Risk and Governance and Their Impact on Performance". *The International Journal of Advanced Manufacturing Technology*, 2013, 69 (1): 1 – 10.

[50] Bollen K. A. "A New Incremental Fit Index for General Structural Equation Models". *Sociological Methods & Research*, 1989, 17 (3): 303 – 316.

[51] Braziotis C., Bourlakis M., Rogers H., et al. "Supply Chains and Supply Networks: Distinctions and Overlaps". *Supply Chain Management: An International Journal*, 2013, 18 (6): 644 – 652.

[52] Burkert M., Ivens B. S., Shan J. "Governance Mechanisms in Domestic and International Buyer – Supplier Relationships: An Empirical Study". *Industrial Marketing Management*, 2012, 41 (3): 544 – 556.

[53] Burt R. S. "The Network Structure of Social Capital". *Research in Organizational Behavior*, 2000, 22 (1): 345 – 423.

[54] Cabigiosu A., Zirpoli F., Camuffo A. "Modularity, Interfaces Definition and the Integration of External Sources of Innovation in the Automotive Industry". *Research Policy*, 2013, 42 (3): 662 – 675.

[55] Cai S., Yang Z., Hu Z. "Exploring the governance mechanisms of quasi – integration in buyer – supplier relationships". *Journal of Business Research*, 2009, 62 (6): 660 – 666.

[56] Candace Y. Y., Ngai E., Moon K. "Supply Chain Flexibility in an Uncertain Environment: Exploratory Findings from Five Case Studies". *Supply Chain Management: An International Journal*, 2011, 16 (4): 271 – 283.

[57] Caniëls M. C. J., Gelderman C. J., Vermeulen N. P. "The Interplay of Governance Mechanisms in Complex Procurement Projects". *Journal of Purchasing and Supply Management*, 2012, 18

(2): 113-121.

[58] Caniëls M., Gelderman C. J. "The Safeguarding Effect of Governance Mechanisms in Inter-Firm Exchange: The Decisive Role of Mutual Opportunism". *British Journal of Management*, 2010, 21 (1): 239-254.

[59] Capaldo A. "Network Structure and Innovation: The Leveraging of a Dual Network as a Distinctive Relational Capability". *Strategic Management Journal*, 2007, 28 (6): 585-608.

[60] Carey S., Lawson B. "Governance and Social Capital Formation in Buyer-Supplier Relationships". *Journal of Manufacturing Technology Management*, 2011, 22 (2): 152-170.

[61] Charterina J., Landeta J. "The Pool Effect of Dyad-Based Capabilities on Seller Firms' Innovativeness". *European Journal of Innovation Management*, 2010, 13 (2): 172-196.

[62] Chassagnon V. "Consummate Cooperation in the Network-Firm: Theoretical Insights and Empirical Findings". *European Management Journal*, 2014, 32 (2): 260-274.

[63] Cheng C. F., Chang M. L., Li C. S. "Configural Paths to Successful Product Innovation". *Journal of Business Research*, 2013, 66 (12): 2561-2573.

[64] Choi T. Y., Hong Y. "Unveiling the Structure of Supply Networks: Case Studies in Honda, Acura, and Daimler Chrysler". *Journal of Operations Management*, 2002, 20 (5): 469-493.

[65] Choi T. Y., Krause D. R. "The Supply Base and its Complexity: Implications for Transaction Costs, Risks, Responsiveness, and Innovation". *Journal of Operations Management*, 2006, 24 (5): 637-652.

[66] Chu P. Y., Chang K. H., Huang H. F. "How to Increase Supplier Flexibility through Social Mechanisms and Influence Strategies?". *Journal of Business & Industrial Marketing*, 2012, 27

(2): 115-131.

[67] Clau T. "The Influence of the Type of Relationship on the Generation of Innovations in Buyer – Supplier Collaborations". *Creativity and Innovation Management*, 2012, 21 (4): 388-411.

[68] Corsaro D., Ramos C., Henneberg S. C., et al. "The Impact of Network Configurations on Value Constellations in Business Markets — The Case of an Innovation Network". *Industrial Marketing Management*, 2012, 41 (1): 54-67.

[69] Corsten D., Gruen T. "The Effects of Supplier – to – Buyer Identification on Operational Performance—An Empirical Investigation of Inter – Organizational Identification in Automotive Relationships". *Journal of Operations Management*, 2011, 29 (6): 549-560.

[70] Danese P., Filippini R. "Modularity and the Impact on New Product Development Time Performance: Investigating the Moderating Effects of Supplier Involvement and Interfunctional Integration". *International Journal of Operations & Production Management*, 2010, 30 (11): 1191-1209.

[71] Day M., Lichtenstein S. "Strategic Supply Management: the Relationship between Supply Management Practices, Strategic Orientation and Their Impact on Organisational Performance". *Journal of Purchasing and Supply Management*, 2006, 12 (6): 313-321.

[72] De Clercq D., Thongpapanl N., Dimov D. "A Closer Look at Cross – Functional Collaboration and Product Innovativeness: Contingency Effects of Structural and Relational Context". *Journal of Product Innovation Management*, 2011, 28 (5): 680-697.

[73] Deligonul S., Elg U., Cavusgil E., et al. "Developing Strategic Supplier Networks: An Institutional Perspective". *Journal of Business Research*, 2013, 66 (4): 506-515.

[74] De Reuver M., Bouwman H. "Governance mechanisms for mobile service innovation in value networks". *Journal of Business Research*,

2012, 65 (3): 347 -354.

[75] Dhanaraj C., Parkhe A. "Orchestrating Innovation Networks". *Academy of Management Review*, 2006, 31 (3): 659 -669.

[76] Duhamel F., Santi M. "Degree of Innovativeness and New Product Performance". *Technology Analysis & Strategic Management*, 2012, 24 (3): 253 -266.

[77] Dunn S. C., Seaker R. F., Waller M. A. "Latent Variables in Business Logistics Research: Scale Development and Validation". *Journal of Business Logistics*, 1994, 15 (2): 145 -145.

[78] Dyer J. H., Hatch N. W. "Using Supplier Networks to Learn Faster". *MIT Sloan Management Review*, 2004, 45 (3): 57 -63.

[79] Dyer J. H., Hatch N. W. "Relation - Specific Capabilities and Barriers to Knowledge Transfers: Creating Advantage through Network Relationships". *Strategic Management Journal*, 2006, 27 (8): 701 -719.

[80] Dyer J. H., Nobeoka K. "Creating and Managing a High Performance Knowledge Sharing Network: the Case of Toyota". *Strategic Management Journal*, 2000, 21 (3): 345 -367.

[81] Dyer J. H., Singh H. "The Relational View: Cooperative Strategy and Sources of Interorganizational Competitive Advantage". *Academy of Management Review*, 1998, 23 (4): 660 -679.

[82] Eltantawy R. A., Giunipero L., Fox G. L. "A Strategic Skill Based Model of Supplier Integration and its Effect on Supply Management Performance". *Industrial Marketing Management*, 2009, 38 (8): 925 -936.

[83] Felin T., Zenger T. R. "Closed or Open Innovation? Problem Solving and the Governance Choice". *Research Policy*, 2014, 43 (5): 914 -925.

[84] Fell D. R., Hansen E. N., Becker B. W. "Measuring Innovativeness for the Adoption of Industrial Products". *Industrial Marketing*

Management, 2003, 32 (4): 347 – 353.

[85] Frankenberger K., Weiblen T., Gassmann O. "Network Configuration, Customer Centricity, and Performance of Open Business Models: A Solution Provider Perspective". *Industrial Marketing Management*, 2013, 42 (5): 671 – 682.

[86] Gao G. Y., Xie E., Zhou K. Z. "How does technological diversity in supplier network drive buyer innovation? Relational process and contingencies". *Journal of Operations Management*, 2015, 36: 165 – 177.

[87] García – Canal E., Valdés – Llaneza A., Sánchez – Lorda P. "Contractual form in Repeated Alliances with the Same Partner: The Role of Inter – Organizational Routines". *Scandinavian Journal of Management*, 2014, 30 (1): 51 – 64.

[88] Gelderman C., Van Weele A. "Purchasing Portfolio Models: A Critique and Update". *Journal of Supply Chain Management*, 2005, 41 (3): 19 – 28.

[89] Gençtürk E. F., Aulakh P. S. "Norms – Based and Control – Based Governance of International Manufacturer – Distributor Relational Exchanges". *Journal of International Marketing*, 2007, 15 (1): 92 – 126.

[90] Ghoshal S., Moran P. "Bad for practice: A critique of the transaction cost theory". *Academy of Management Review*, 1996, 21 (1): 13 – 47.

[91] Goffin K., Lemke F., Szwejczewski M. "An Exploratory Study of 'Close' Supplier – Manufacturer Relationships". *Journal of Operations Management*, 2006, 24 (2): 189 – 209.

[92] Golgeci I., Ponomarov S. Y. "Does Firm Innovativeness Enable Effective Responses to Supply Chain Disruptions? An Empirical Study". *Supply Chain Management: An International Journal*, 2013, 18 (6): 604 – 617.

[93] Gnyawali D. R., Madhavan R. "Cooperative Networks and Competitive Dynamics: A Structural Embeddedness Perspective". *Academy of Management Review*, 2001, 26 (3): 431–445.

[94] Hallikas J., Virolainen V. M., Tuominen M. "Understanding Risk and Uncertainty in Supplier Network—A Transaction Cost Approach". *International Journal of Production Research*, 2002, 40 (15): 3519–3531.

[95] Handfield R. B., Ragatz G. L., Peterson K. J., et al. "Involving Suppliers in New Product Development?". *California Management Review*, 1999, 42 (1): 59–82.

[96] Harryson S. J., Dudkowski R., Stern A. "Transformation Networks in Innovation Alliances—The Development of Volvo C70". *Journal of Management Studies*, 2008, 45 (4): 745–773.

[97] Hearnshaw E., Wilson M. "A Complex Network Approach to Supply Chain Network Theory". *International Journal of Operations & Production Management*, 2012, 33 (4): 442–469.

[98] Heide J. B. "Plural Governance in Industrial Purchasing". *Journal of Marketing*, 2003, 67 (4): 18–29.

[99] Henke J. W., Zhang C. "Increasing Supplier–Driven Innovation". *MIT Sloan Management Review*, 2010, 51 (2): 41–46.

[100] Henkel J., Rande T., Wagner M. "And the Winner is—Acquired. Entrepreneurship as a Contest Yielding Radical Innovations". *Research Policy*, 2015, 44 (2): 295–310.

[101] Hernandez–Espallardo M., Rodriguez–Orejuela A., Sanchez–Perez M. "Inter–Organizational Governance, Learning and Performance in Supply Chains". *Supply Chain Management: An International Journal*, 2010, 15 (2): 101–114.

[102] Hines P. "Network Sourcing: A Discussion of Causality within the Buyer–Supplier Relationship". *European Journal of Purchasing & Supply Management*, 1996, 2 (1): 7–20.

[103] Hoetker G., Mellewigt T. "Choice and Performance of Governance Mechanisms: Matching Alliance Governance to Asset Type". *Strategic Management Journal*, 2009, 30 (10): 1025 –1044.

[104] Holmen E., Pedersen A. C., Jansen N. "Supply Network Initiatives—A Means to Reorganise the Supply Base?". *Journal of Business & Industrial Marketing*, 2007, 22 (3): 178 –186.

[105] Hoffmann W. H. "Strategies for Managing a Portfolio of Alliances". *Strategic Management Journal*, 2007, 28 (8): 827 –856.

[106] Hollen R., Van Den Bosch F. A., Volberda H. W. "The Role of Management Innovation in Enabling Technological Process Innovation: An Inter – Organizational Perspective". *European Management Review*, 2013, 10 (1): 35 –50.

[107] Hong Y. S., Hartley J. L. "Managing the Supplier – supplier Interface in Product Development: the Moderating Role of Technological Newness". *Journal of Supply Chain Management*, 2011, 47 (3): 43 –62.

[108] Huang H. C., Chang C. W. "Embedded Ties and the Acquisition of Competitive Advantage". *Journal of Intellectual Capital*, 2008, 9 (1): 105 –121.

[109] Hult G. T. M., Hurley R. F., Knight G. A. "Innovativeness: Its Antecedents and Impact on Business Performance". *Industrial Marketing Management*, 2004, 33 (5): 429 –438.

[110] Hurley R. F., Hult G. T. M. "Innovation, Market Orientation, and Organizational Learning: An Integration and Empirical Examination". *The Journal of Marketing*, 1998, 62 (3): 42 –54.

[111] Iacono M. P., Martinez M., Mangia G., et al. "Knowledge Creation and Inter – Organizational Relationships: The Development of Innovation in the Railway Industry". *Journal of Knowledge Management*, 2012, 16 (4): 604 –616.

[112] Inauen M., Schenker – Wicki A. "Fostering Radical Innova-

tions with Open Innovation". *European Journal of Innovation Management*, 2012, 15 (2): 212 – 231.

[113] Jap S. D. "Perspectives on Joint Competitive Advantages in Buyer – Supplier Relationships". *International Journal of Research in Marketing*, 2001, 18 (1): 19 – 35.

[114] Jiang B., Belohlav J., Young S. "Outsourcing Impact on Manufacturing Firms' Value: Evidence from Japan". *Journal of Operations Management*, 2007, 25 (4): 885 – 900.

[115] Johnsen T. E. "Supplier Involvement in New Product Development and Innovation: Taking Stock and Looking to the Future". *Journal of Purchasing and Supply Management*, 2009, 15 (3): 187 – 197.

[116] Johnsen T. E., Johnsen R. E., Lamming R. C. "Supply Relationship Evaluation: The Relationship Assessment Process (RAP) and Beyond". *European Management Journal*, 2008, 26 (4): 274 – 287.

[117] Johnsen T., Phillips W., Caldwell N., et al. "Centrality of Customer and Supplier Interaction in Innovation". *Journal of Business Research*, 2006, 59 (6): 671 – 678.

[118] Jones C., Hesterly W. S., Borgatti S. P. "A General Theory of Network Governance: Exchange Conditions and Social Mechanisms". *The Academy of Management Review*, 1997, 22 (4): 911 – 945.

[119] Ju M., Murray J. Y., Kotabe M., et al. "Reducing Distributor Opportunism in the Export Market: Effects of Monitoring Mechanisms, Norm – Based Information Exchange, and Market Orientation". *Journal of World Business*, 2011, 46 (4): 487 – 496.

[120] Kibbeling M., van der B. H., van Weele A. "Market Orientation and Innovativeness in Supply Chains: Supplier's Impact on Customer Satisfaction". *Journal of Product Innovation Management*, 2013, 30 (3): 500 515.

[121] Kim Y., Choi T. Y., Yan T., et al. "Structural Investigation of Supply Networks: A Social Network Analysis Approach". *Journal of Operations Management*, 2011, 29 (3): 194 – 211.

[122] Kock A., Gemünden H. G., Salomo S., et al. "The Mixed Blessings of Technological Innovativeness for the Commercial Success of New Products". *Journal of Product Innovation Management*, 2011, 28 (S1): 28 – 43.

[123] Kohtamäki M., Vesalainen J., Henneberg S., et al. "Enabling Relationship Structures and Relationship Performance Improvement: The Moderating Role of Relational Capital". *Industrial Marketing Management*, 2012, 41 (8): 1298 – 1309.

[124] Koufteros X., Vonderembse M., Jayaram J. "Internal and External Integration for Product Development: The Contingency Effects of Uncertainty, Equivocality, and Platform Strategy". *Decision Sciences*, 2005, 36 (1): 97 – 133.

[125] Kraljic P. "Purchasing Must Become Supply Management". *Harvard Business Review*, 1983, 61 (5): 109 – 117.

[126] Krause D. R., Pagell M., Curkovic S. "Toward a Measure of Competitive Priorities for Purchasing". *Journal of Operations Management*, 2001, 19 (4): 497 – 512.

[127] Kroes J. R., Ghosh S. "Outsourcing Congruence with Competitive Priorities: Impact on Supply Chain and Firm Performance". *Journal of Operations Management*, 2010, 28 (2): 124 – 143.

[128] Kumar A., Heide J. B., Wathne K. H. "Performance Implications of Mismatched Governance Regimes Across External and Internal Relationships". *Journal of Marketing*, 2011, 75 (2): 1 – 17.

[129] Kyrgidou L. P., Spyropoulou S. "Drivers and Performance Outcomes of Innovativeness: An Empirical Study". *British Journal of Management*, 2013, 24 (3): 281 – 298.

[130] Lau A. K. W., Yam R. C. M., Tang E. P. Y. "The Impacts

of Product Modularity on Competitive Capabilities and Performance: An Empirical Study". *International Journal of Production Economics*, 2007, 105 (1): 1 – 20.

[131] Lau A., Yam R., Tang E. "Supply Chain Integration and Product Modularity: An Empirical Study of Product Performance for Selected Hong Kong Manufacturing Industries". *International Journal of Operations & Production Management*, 2010, 30 (1): 20 – 56.

[132] Lawson B., Petersen K. J., Cousins P. D., et al. "Knowledge Sharing in Interorganizational Product Development Teams: The Effect of Formal and Informal Socialization Mechanisms". *Journal of Product Innovation Management*, 2009, 26 (2): 156 – 172.

[133] Lee K., Khan S., Mirchandani D. "Hierarchical Effects of Product Attributes on Actualized Innovativeness in the Context of High – Tech Products". *Journal of Business Research*, 2013, 66 (12): 2634 – 2641.

[134] Le Masson P., Hatchuel A., Weil B. "The Interplay Between Creativity Issues and Design Theories: A New Perspective for Design Management Studies?". *Creativity and Innovation Management*, 2011, 20 (4): 217 – 237.

[135] Leonard D. "Building and Sustaining the Sources of innovation: An interview with Dorothy Leonard". *Strategy & Leadership*, 1997, 25 (4): 22 – 27.

[136] Liao Y., Hong P., Rao S. S. "Supply Management, Supply Flexibility and Performance Outcomes: An Empirical Investigation of Manufacturing Firms". *Journal of Supply Chain Management*, 2010, 46 (3): 6 – 22.

[137] Li J. J., Poppo L., Zhou K. Z. "Relational Mechanisms, Formal Contracts, and Local Knowledge Acquisition by International Subsidiaries". *Strategic Management Journal*, 2010, 31 (4): 349 – 370.

[138] Liker J. K., Choi T. Y. "Building Deep Supplier Relationships". *Harvard Business Review*, 2004, 82 (12): 104 – 113.

[139] Lin H. M., Huang H. C., Lin C. P., et al. "How to Manage Strategic Alliances in OEM – Based Industrial Clusters: Network Embeddedness and Formal Governance Mechanisms". *Industrial Marketing Management*, 2012, 41 (3): 449 – 459.

[140] Littler D., Leverick F., Wilson D. "Collaboration in New Technology Based Product Markets". *International Journal of Technology Management*, 1998, 15 (1): 139 – 159.

[141] Lungtae S., Atthirawong W. "Development and Retaining Model of Long Term Relationship Between Buyers and Sellers in Supply Chain of Palm Oil Industry in Thailand: A Seller's Perspective". *Research Journal of Business Management*, 2014, 8 (4): 300 – 318.

[142] Makadok R., Coff R. "Both Market and Hierarchy: An Incentive – System Theory of Hybrid Governance Forms". *The Academy of Management Review*, 2009, 34 (2): 297 – 319.

[143] Mason K. J., Leek S. "Learning to Build a Supply Network: An Exploration of Dynamic Business Models". *Journal of Management Studies*, 2008, 45 (4): 774 – 799.

[144] Menguc B., Auh S. "Creating a Firm – Level Dynamic Capability through Capitalizing on Market Orientation and Innovativeness". *Journal of the Academy of Marketing Science*, 2006, 34 (1): 63 – 73.

[145] Mesquita L. F., Brush T. H. "Untangling Safeguard and Production Coordination Effects in Long – Term Buyer – Supplier Relationships". *The Academy of Management Journal*, 2008, 51 (4): 785 – 807.

[146] Meyer A. D., Tsui A. S., Hinings C. R. "Configurational Approaches to Organizational Analysis". *The Academy of Management Journal*, 1993, 36 (6): 1175 – 1195.

[147] Milgrom P., Roberts J. "Price and advertising signals of product

quality". *The Journal of Political Economy*, 1986, 94 (4): 796 - 821.

[148] Möller K. "Theory Map of Business Marketing: Relationships and Networks Perspectives". *Industrial Marketing Management*, 2013, 42 (3): 324 - 335.

[149] Möllering G. "The Trust Control Duality An Integrative Perspective on Positive Expectations of Others". *International Sociology*, 2005, 20 (3): 283 - 305.

[150] Mukherjee D., Gaur A. S., Gaur S. S., et al. "External and Internal Influences on R&D Alliance Formation: Evidence from German SMEs". *Journal of Business Research*, 2013, 66(11):2178 - 2185.

[151] Munksgaard K. B., Clarke A. H., Storvang P., et al. "Product Development with Multiple Partners: Strategies and Conflicts in Networks". *Industrial Marketing Management*, 2012, 41 (3): 438 - 447.

[152] Myers M. B., Cheung M. S. "Sharing Global Supply Chain Knowledge". *MIT Sloan Management Review*, 2008, 49 (4): 67 - 73.

[153] Nambisan S., Sawhney M. "Orchestration Processes in Network - Centric Innovation: Evidence from the Field". *The Academy of Management Perspectives*, 2011, 25 (3): 40 - 57.

[154] Ness H., Haugland S. A. "The Evolution of Governance Mechanisms and Negotiation Strategies in Fixed - Buration Interfirm Relationships". *Journal of Business Research*, 2005, 58 (9): 1226 - 1239.

[155] Nooteboom B. "Learning by Interaction: Absorptive Capacity, Cognitive Distance and Governance". *Journal of Management and Governance*, 2000, 4 (1): 69 - 92.

[156] Oerlemans L., Knoben J. "Configurations of Knowledge Transfer Relations: An Empirically Based Taxonomy and its Determinants". *Journal of Engineering and Technology Management*, 2010, 27 (1 -

2): 33 -51.

[157] Oerlemans L., Knoben J., Pretorius M. W. "Alliance Portfolio Diversity, Radical and Incremental Innovation: The Moderating Role of Technology Management". *Technovation*, 2013, 33 (6-7): 234 -246.

[158] Ojala M., Hallikas J. "Investment Decision - Making in Supplier Networks: Management of Risk". *International Journal of Production Economics*, 2006, 104 (1): 201 -213.

[159] Ouchi W. G. "Markets, Bureaucracies, and Clans". *Administrative Science Quarterly*, 1980, 25 (1): 129 -141.

[160] Park G., Kang J. "Alliance Addiction: Do Alliances Create Real Benefits?". *Creativity and Innovation Management*, 2013, 22 (1): 53 -66.

[161] Parker D. B., Zsidisin G. A., Ragatz G. L. "Timing and Extent of Supplier Integration in New Product Development: a Contingency Approach". *Journal of Supply Chain Management*, 2008, 44 (1): 71 -83.

[162] Pathak S. D., Dilts D. M., Mahadevan S. "Investigating Population and Topological Evolution in a Complex Adaptive Supply Network". *Journal of Supply Chain Management*, 2009, 45 (3): 54 -57.

[163] Petersen K. J., Handfield R. B., Lawson B., et al. "Buyer Dependency and Relational Capital Formation: the Mediating Effects of Socialization Processes and Supplier Integration". *Journal of Supply Chain Management*, 2008, 44 (4): 53 -65.

[164] Petersen K. J., Handfield R. B., Ragatz G. L. "Supplier Integration into New Product Development: Coordinating Product, Process and Supply Chain Design". *Journal of Operations Management*, 2005, 23 (3-4): 371 -388.

[165] Peteraf M. A. "The Cornerstones of Competitive Advantage: A

Resource – Based View". *Strategic Management Journal*, 1993, 14 (3): 179 – 191.

[166] Pilbeam C., Alvarez G., Wilson H. "The Governance of Supply Networks: A Systematic Literature Review and Research Directions". *Supply Chain Management: An International Journal*, 2012, 17 (4): 358 – 376.

[167] Pil F. K., Cohen S. K. "Modularity: Implications for Imitation, Innovation, and Sustained Advantage". *The Academy of Management Review*, 2006, 31 (4): 995 – 1011.

[168] Pittaway L., Robertson M., Munir K., et al. "Networking and Innovation: A Systematic Review of the Evidence". *International Journal of Management Reviews*, 2004, 5 (3): 137 – 168.

[169] Pittino D., Mazzurana P. A. "Alliance Governance and Performance in SMEs: Matching Relational and Contractual Governance with Alliance Goals". *Entrepreneurship Research Journal*, 2013, 3 (1): 62 – 83.

[170] Podsakoff P. M., Organ D. W. "Self – Reports in Organizational Research: Problems and Prospects". *Journal of Management*, 1986, 12 (4): 531 – 544.

[171] Poppo L., Zenger T. "Do Formal Contracts and Relational Governance Function as Substitutes or Complements?". *Strategic Management Journal*, 2002, 23 (8): 707 – 725.

[172] Poppo L., Zhou K. Z. "Managing Contracts for Fairness in Buyer – Supplier Exchanges". *Strategic Management Journal*, 2013, 35 (10): 1508 – 1527.

[173] Powell W. W., Koput K. W., Smith D. L.. "Interorganizational Collaboration and the Locus of Innovation: Networks of Learning in Biotechnology". *Administrative Science Quarterly*, 1996, 41 (1): 116 – 145.

[174] Powell W. W. "Hybrid Organizational Arrangements: New Form

or Transitional Development?". *California Management Review*, 1987, 30 (1): 67-87.

[175] Pullen A., de Weerd N. P. C., Groen A. J., et al. "SME Network Characteristics vs. Product Innovativeness: How to Achieve High Innovation Performance". *Creativity and Innovation Management*, 2012, 21 (2): 130-146.

[176] Raman R., Bharadwaj A. "Power Differentials and Performative Deviation Paths in Practice Transfer: The Case of Evidence-Based Medicine". *Organization Science*, 2012, 23 (6): 1593-1621.

[177] Reuer J. J., Ariño A. "Strategic Alliance Contracts: Dimensions and Determinants of Contractual Complexity". *Strategic Management Journal*, 2007, 28 (3): 313-330.

[178] Rindfleisch A., Antia K., Bercovitz J., et al. "Transaction Costs, Opportunism, and Governance: Contextual Considerations and Future Research Opportunities". *Marketing Letters*, 2010, 21 (3): 211-222.

[179] Roseira C., Brito C., Henneberg S. "Managing Interdependencies in Supplier Networks". *Industrial Marketing Management*, 2010, 39 (6): 925-935.

[180] Rowley T., Behrens D., Krackhardt D. "Redundant Governance Structures: An Analysis of Structural and Relational Embeddedness in the Steel and Semiconductor Industries". *Strategic Management Journal*, 2000, 21 (3): 369-386.

[181] Pressey A., Tzokas N., Winklhofer H. "Strategic Purchasing and the Evaluation of 'Problem' Key Supply Relationships: What Do Key Suppliers Need to Know?". *Journal of Business & Industrial Marketing*, 2007, 22 (5): 282-294.

[182] Ryu S., Arslan H., Aydin N. "The effect of interfirm dependence structures on governance mechanisms". *Journal of Purchasing and Supply Management*, 2007, 13 (1): 17-25.

[183] Salavou H. "The Concept of Innovativeness: Should We Need to Focus?". *European Journal of Innovation Management*, 2004, 7 (1): 33-44.

[184] Salvador F., Villena V. H. "Supplier Integration and NPD Outcomes: Conditional Moderation Effects of Modular Design Competence". *Journal of Supply Chain Management*, 2013, 49 (1): 87-113.

[185] Sambasivan M., Siew-Phaik L., Abidin Mohamed Z., et al. "Factors Influencing Strategic Alliance Outcomes in a Manufacturing Supply Chain: Role of Alliance Motives, Interdependence, Asset Specificity and Relational Capital". *International Journal of Production Economics*, 2013, 141 (1): 339-351.

[186] Sande J. B. "Governance of Supplier-Customer Relations: An Empirical Review". *Schweiz Forstwes*, 2007, 158 (12): 406-416.

[187] Schiele H., Veldman J., Hüttinger L. "Supplier Innovativeness and Supplier Pricing: the Role of Preferred Customer Status". *International Journal of Innovation Management*, 2011, 15 (1): 1-27.

[188] Schilke O. "On the Contingent Value of Dynamic Capabilities for Competitive Advantage: The Nonlinear Moderating Effect of Environmental Dynamism". *Strategic Management Journal*, 2014, 35 (2): 179-203.

[189] Schilling M. A., Phelps C. C. "Interfirm Collaboration Networks: The Impact of Large-Scale Network Structure on Firm Innovation". *Management Science*, 2007, 53 (7): 1113-1126.

[190] Schultz C., Salomo S., Talke K. "Measuring New Product Portfolio Innovativeness: How Differences in Scale Width and Evaluator Perspectives Affect its Relationship with Performance". *Journal of Product Innovation Management*, 2013, 30 (S1): 93-109.

[191] Sethi R., Smith D. C., Park C. W. "Cross-Functional Product Development Teams, Creativity, and the Innovativeness of New

Consumer Products". *Journal of Marketing Research*, 2001, 38 (1): 73 – 85.

[192] Shah P. P. "Network Destruction: The Structural Implications of Downsizing". *The Academy of Management Journal*, 2000, 43 (1): 101 – 112.

[193] Sheng S., Zhou K. Z., Lessassy L. "NPD Speed vs. Innovativeness: The Contingent Impact of Institutional and Market Environments". *Journal of Business Research*, 2013, 66 (11): 2355 – 2362.

[194] Shoham A., Vigoda – Gadot E., Ruvio A., et al. "Testing an Organizational Innovativeness Integrative Model Across Cultures". *Journal of Engineering and Technology Management*, 2012, 29 (2): 226 – 240.

[195] Shyam K. "Production Knowledge and Its Impact on the Mechanisms of Governance". *Journal of Management & Governance*, 2013, 17 (2): 261 – 281.

[196] Singh R. K., Acharya P. "Supply Chain Flexibility: A Frame Work of Research Dimensions". *Global Journal of Flexible Systems Management*, 2013, 14 (3): 157 – 166.

[197] Slepniov D., Waehrens B., Jrgensen C. "Global Operations Networks in Motion: Managing Configurations and Capabilities". *Operations Management Research*, 2010, 3 (3): 107 – 116.

[198] Song M., Thieme J. "The Role of Suppliers in Market Intelligence Gathering for Radical and Incremental Innovation". *Journal of Product Innovation Management*, 2009, 26 (1): 43 – 57.

[199] Song L. Z., Song M., Benedetto C. "Resources, Supplier Investment, Product Launch Advantages, and First Product Performance". *Journal of Operations Management*, 2011, 29 (1): 86 – 104.

[200] Srai J. S., Gregory M. "A Supply Network Configuration Per-

spective on International Supply Chain Development". *International Journal of Operations & Production Management*, 2008, 28 (5): 386 – 411.

[201] Srivastava V., Singh T. "Value Creation through Relationship Closeness". *Journal of Strategic Marketing*, 2010, 18 (1): 3 – 17.

[202] Stanko M., Bohlmann J., Molina – Castillo F. J. "Demand – Side Inertia Factors and Their Benefits for Innovativeness". *Journal of the Academy of Marketing Science*, 2013, 41 (6): 649 – 668.

[203] Swink M., Song M. "Effects of Marketing – Manufacturing Integration on New Product Development Time and Competitive Advantage". *Journal of Operations Management*, 2007, 25 (1): 203 – 217.

[204] Talke K., Salomo S., Kock A. "Top Management Team Diversity and Strategic Innovation Orientation: The Relationship and Consequences for Innovativeness and Performance". *Journal of Product Innovation Management*, 2011, 28 (6): 819 – 832.

[205] Tatikonda M. V., Rosenthal S. R. "Technology Novelty, Project Complexity, and Product Development Project Execution Success: a Deeper Look at Task Uncertainty in Product Innovation". *Transactions on Engineering Management*, 2000, 47 (1): 74 – 87.

[206] Teimoury E., Fesharaki M., Bazyar A. "The Relationship between Governance and NPD Performance and the Mediating Role of Tie Strength". *International Journal of Productivity and Performance Management*, 2011, 60 (6): 622 – 641.

[207] Teimoury E., Fesharaki M., Bazyar A. "The Relationship Between Modes of Governance and Relational Tie in New Product Development Relationships". *Journal of Strategy and Management*, 2010, 3 (4): 374 – 392.

[208] Tepic M., Kemp R., Omta O., et al. "Complexities in Innovation Management in Companies From the European Industry: A Path

Model of Innovation Project Performance Determinants". *European Journal of Innovation Management*, 2013, 16 (4): 517 – 550.

[209] Tepic M., Omta O., Trienekens J., et al. "The Role of Structural and Relational Governance in Creating Stable Innovation Networks: Insights from Sustainability – Oriented Dutch Innovation Networks". *Journal of Chain and Network Science*, 2011, 11 (3): 197 – 211.

[210] Thomas R. W., Fugate B. S., Koukova N. T. "Coping with Time Pressure and Knowledge Sharing in Buyer – Supplier Relationships". *Journal of Supply Chain Management*, 2011, 47 (3): 22 – 42.

[211] Thorgren S., Wincent J., Qrtqvist D. "Designing Interorganizational Networks for Innovation: An Empirical Examination of Network Configuration, Formation and Governance". *Journal of Engineering and Technology Management*, 2009, 26 (3): 148 – 166.

[212] Tiwari A., Tiwari A., Samuel C., et al. "Procurement Flexibility as a Tool for Supplier Selection in Disastrous Environments". *Global Journal of Flexible Systems Management*, 2013, 14 (4): 211 – 223.

[213] Tsai W. P. "Knowledge Transfer in Intraorganizational Networks: Effects of Network Position and Absorptive Capacity on Business Unit Innovation and Performance". *The Academy of Management Journal*, 2001, 44 (5): 996 – 1004.

[214] Van de Vrande V. "Balancing Your Technology – Sourcing portfolio: How Sourcing Mode Diversity Enhances Innovative Performance". *Strategic Management Journal*, 2013, 34 (5): 610 – 621.

[215] Vázquez Casielles R., Iglesias V., Varela Neira C. "Collaborative Manufacturer – Distributor Relationships: The Role of Governance, Information Sharing and Creativity". *Journal of Business & Industrial Marketing*, 2013, 28 (8): 620 – 637.

[216] Vinhas A. S., Heide J. B., Jap S. D. "Consistency Judg-

ments, Embeddedness, and Relationship Outcomes in Interorganizational Networks". *Management Science*, 2012, 58 (5): 996 – 1011.

[217] Wang Q., Bradford K., Xu J., et al. "Creativity in Buyer – Seller Relationships: The Role of Governance". *International Journal of Research in Marketing*, 2008, 25 (2): 109 – 118.

[218] Wang Y., Tanaka A. "From Hierarchy to Hybrid: The Evolving Nature of Inter – Firm Governance in China's Automobile Groups". *Journal of Business Research*, 2011, 64 (1): 74 – 80.

[219] Wathne K. H., Biong H., Heide J. B. "Choice of Supplier in Embedded Markets: Relationship and Marketing Program Effects". *Journal of Marketing*, 2001, 65 (2): 54 – 66.

[220] Wathne K., Heide J. "Relationship Governance in a Supply Chain Network". *Journal of Marketing*, 2004, 68 (1): 73 – 89.

[221] Wever M., Wognum N., Trienekens J., et al. "Managing Transaction Risks in Interdependent Supply Chains: An Extended Transaction Cost Economics Perspective". *Journal of Chain and Network Science*, 2012, 12 (3): 243 – 260.

[222] Williamson O. E. "Outsourcing: Transaction Cost Economics and Supply Chain Management". *Journal of Supply Chain Management*, 2008, 44 (2): 5 – 16.

[223] Williamson O. E. "Comparative Economic Organization: The Analysis of Discrete Structural Alternatives". *Administrative Science Quarterly*, 1991, 36 (2): 269 – 296.

[224] Williamson O. E., Ghani T. "Transaction Cost Economics and Its Uses in Marketing". *Journal of the Academy of Marketing Science*, 2012, 40 (1): 74 – 85.

[225] Wincent J., Thorgren S., Anokhin S. "Managing Maturing Government – Supported Networks: The Shift from Monitoring to Embeddedness Controls". *British Journal of Management*, 2012, 24 (4): 480 – 497.

[226] Winter S. G. "Understanding Dynamic Capabilities". *Strategic Management Journal*, 2003, 24 (10): 991-995.

[227] Yeniyurt S., Henke J., Yalcinkaya G. "A Longitudinal Analysis of Supplier Involvement in Buyers' New Product Development: Working Relations, Inter-Dependence, Co-Innovation, and Performance Outcomes". *Journal of the Academy of Marketing Science*, 2014, 42 (3): 291-308.

[228] Yoon W., Hyun E. "Economic, Social and Institutional Conditions of Network Governance: Network Governance in East Asia". *Management Decision*, 2010, 48 (8): 1212-1229.

[229] Yu C. M. J., Liao T. J., Lin Z. D. "Formal Governance Mechanisms, Relational Governance Mechanisms, and Transaction-Specific Investments in Supplier-Manufacturer Relationships". *Industrial Marketing Management*, 2006, 35 (2): 128-139.

[230] Zhang C., Henke J. W., Griffith D. A. "Do Buyer Coorative Actions Matter under Relational Stress? Evidence from Japanese and US Assemblers in the US Automotive Industry". *Journal of Operations Management*, 2009, 27 (6): 479-494.

[231] Zhang Y., Gregory M., Shi Y. "Global Engineering Networks (GEN): Drivers, Evolution, Configuration, Performance and Key Patterns". *Journal of Manufacturing Technology Management*, 2008, 19 (3): 299-314.

[232] Zhang Q., Zhou K. Z. "Governing Interfirm Knowledge Transfer in the Chinese Market: The Interplay of Formal and Informal Mechanisms". *Industrial Marketing Management*, 2013, 42 (5): 783-791.

[233] Ziggers G. W., Gagalyuk T., Hanf J. "Network Governance at the Firm and Network Level: Goals, Routines, and Social Mechanisms". *International Journal on Food System Dynamics*, 2011, 1 (4): 342-351.

[234] Zollo M., Reuer J. J., Singh H. "Interorganizational Routines and Performance in Strategic Alliances". *Organization Science*, 2002, 13 (6): 701-713.